JENSEITS ALLER GLAUBENSSÄTZE

Die verlorenen Lehren von Sydney Banks

VON **LINDA QUIRING**

Übersetzung von Justyna Rutkowski
Lektorat von Katja Symons

CCB Publishing
Britisch-Kolumbien, Kanada

Jenseits aller Glaubenssätze:
Die verlorenen Lehren von Sydney Banks

Copyright ©2016, 2021 von Linda Quiring
Copyright ©2021 von Justyna Rutkowski
ISBN-13   978-1-77143-494-2
Erste Ausgabe

Library and Archives Canada Cataloguing in Publication
Title: Jenseits aller Glaubenssätze : die verlorenen Lehren von Sydney Banks
/ von Linda Quiring ; übersetzung von Justyna Rutkowski ; lektorat von Katja Symons.
Other titles: Beyond beliefs. German
Names: Quiring, Linda, 1944- author. | Rutkowski, Justyna, translator.
| Symons, Katja, editor.
Description: Erste Ausgabe. | Translation of: Beyond beliefs. | Text in German;
translated from the English.
Identifiers: Canadiana (print) 20210259817 | Canadiana (ebook) 20210260106
| ISBN 9781771434942 (softcover) | ISBN 9781771434959 (PDF)
Subjects: LCSH: Banks, Sydney, 1931-2009. | LCSH: Mind and body.
| LCSH: Philosophy of mind. | LCSH: Psychology—Philosophy.
Classification: LCC BF161 .Q5715 2021 | DDC 128/.2—dc23

Mit Einverständnis zur Verwendung der
deutschen Übersetzung von Justyna Rutkowski
Übersetzung von Justyna Rutkowski
Lektorat von Katja Symons

Quellenangabe für Cover-Illustration:
Foto von Michael Levy – Flat Earth Photography
Webseite: http://flatearthphoto.com
Facebook: https://www.facebook.com/WestCoastWonders

Verlag: CCB Publishing
             Britisch-Kolumbien, Kanada
             www.ccbpublishing.com

WIDMUNG

Ich widme dieses Buch denjenigen, die es möglich gemacht haben! Zuallererst …

Jack Pransky, der von dem 1979-er Manuskript von *Jenseits aller Glaubenssätze* erfahren hatte und solange nicht locker ließ, bis dieses Buch das Licht der Welt erblickte.

Jack überzeugte seinen Verleger Paul Rabinovitch davon, einer unerfahrenen Autorin eine Chance zu geben und diese frühen Schriften von Sydney Banks zu publizieren.

Wie immer geht mein Dank an Sydney Banks, einen einfachen, ganz gewöhnlichen Mann, der gelobte, die Welt mit seiner verblüffenden Botschaft zu verändern – und es ist ihm gelungen!

JENSEITS ALLER GLAUBENSSÄTZE

Inhaltsverzeichnis

Da war ich also, im Haus einer schottischen Freundin, Christian McNeill, in Glasgow, auf meiner Drei-Prinzipien-Europa-Tournee im Jahre 2014, als sie mir ein Buch überreichte.

„Hast du das schon gesehen?" fragte sie.

Es war eine Originalausgabe von *Insel der Erkenntnis*, die sie von der Autorin Linda Quiring bekommen hatte. Christian war erst kürzlich von einem Besuch auf Salt Spring Island zurückgekommen.

„Nein, was ist das?"

„Es ist das erste Buch, das über Syd Banks geschrieben worden ist."

„Du machst Witze! Was?!"

Ich befasse mich schon seit dreiundzwanzig Jahren mit den Drei Prinzipien. Wie konnte es sein, dass ich noch nie von dem ersten Buch über Sydney Banks gehört hatte, insbesondere wenn man bedenkt, dass Syds Worte darin eigens von ihm selbst stammten? Ich traute meinen Augen und Ohren nicht.

Ich klappte das Buch auf. Wow! Das war unglaubliches Material! Ein wahrhaft verlorener Schatz, der nun entdeckt war.

„Wer ist Linda Quiring?"

„Sie ist die erste Person, der Syd geholfen hat."

„Ist das zufällig die Frau, die Gerüchten zufolge aus der psychiatrischen Anstalt entlassen und der gesagt wurde, dass sie bis an ihr Lebensende Medikamente nehmen und sich regelmäßiger Elektroschocktherapie unterziehen müsse, und die das alles nicht mehr brauchte, nachdem sie mit Syd gesprochen hatte?"

„Genau die."

Ich war verblüfft. Noch bevor ich Christians Haus verließ, hatte ich schon das ganze Buch verschlungen. Ich dachte, es war das beste Buch über Sydney Banks, das ich je gelesen hatte. Ich konnte nicht fassen, dass es mir, und vermutlich fast allen, die zur gleichen Zeit wie ich oder später auf Syd und die Drei Prinzipien gestoßen waren, so lange verborgen geblieben war.

Ich musste eine Ausgabe dieses Buches haben. Ich machte Linda ausfindig.

Zuerst schien Linda mir gegenüber etwas misstrauisch zu sein, aber ich glaube, nachdem wir uns eine Weile unterhalten hatten, merkte sie, dass ich gute Absichten hatte. Dies führte zu einigen langen Telefonaten, in denen sie mich mit faszinierenden Erzählungen über die Historie und wie sie sich an die Anfänge auf Salt Spring Island erinnerte, beschenkte. Das hatte mich schon immer fasziniert, ich wusste jedoch nur sehr wenig darüber.

Nachdem sich zwischen uns ein sehr gutes Verhältnis eingestellt hatte, machte ich ihr einen Vorschlag. Ich sagte ihr, wenn sie das Buch neu auflegen wollte, wäre mein Verleger sicherlich liebend gern dabei. Linda wurde neugierig. Ich war etwas nervös wegen des Hippie-Jargons, in dem das Buch geschrieben war, aber dann dachte ich, dass es schließlich um die Mitte der 1970-er Jahre ging. Für mich war dies eine wunderschöne, historische Dokumentation darüber, wie alles begonnen hatte. Plus, es war näher an Syds reiner, unverfälschter Erleuchtungserfahrung, als irgendetwas, das Syd zuvor geschrieben oder aufgenommen hatte.

Irgendwo, mitten in einer dieser Unterhaltungen, ließ Linda folgende Anmerkung fallen: „Und ich habe übrigens noch ein Buch, das Syd und ich zusammen geschrieben haben, aber wir hatten uns damals verkracht und deshalb hat es nie das Licht der Welt erblickt. Scheinbar wussten viele Leute nicht, dass Syd und ich uns wieder versöhnt hatten und bis ans Ende seiner Tage Freunde waren, aber das Buch liegt seitdem herum. Es heißt *Jenseits aller Glaubenssätze.*"

Boah!

„Es muss veröffentlicht werden!" dachte ich. Linda sagte, das Buch sei genau zu dem Zeitpunkt entstanden, als „die Psychologen" nach und nach auf die Insel kamen, als die Dinge begannen, sich zu verändern, als Syd mehr und mehr erkannte, dass seine Botschaft auf eine professionellere Art und Weise in die Welt gebracht werden musste, also genau dann, als sich vielleicht deswegen das Gefühl auf der Insel langsam etwas veränderte.

Linda stellte fest, dass sie das Buch, das irgendwo auf ihrem Regal stand, vom Staub befreien musste – sie war sicher, dass sie es irgendwo hatte – und sie war zunehmend begeistert von der Idee, dass dieses Buch tatsächlich veröffentlicht werden sollte. Mein

Verleger ergriff wieder die sich bietende Gelegenheit. Wir dachten, dass der Neudruck von *Insel der Erkenntnis* zuerst stattfinden musste, also machten wir uns ans Werk, damit dies auch geschehen konnte. Dann war es Zeit für *Jenseits aller Glaubenssätze*.

Letztens ist mir ein direktes Zitat von Syd in einer sehr frühen Aufnahme untergekommen, in dem er sagt:

„Neulich abends haben wir bei uns zu Hause an Lindas zweitem Buch gearbeitet, und zu der Zeit waren 28 Leute im Haus, und es war wirklich wunderschön – eine wunderschöne Nacht, sehr ausgelassen, wirklich [unverständliches Wort]. Und Lindas Entwicklung in dem Buch, also wie sie sich seit den Anfängen entwickelt hat, ist in diesem Buch beschrieben, sie hat ein Buch namens *Insel der Erkenntnis* geschrieben. Es geht darin um die Begegnung mit mir, vom ersten Tag an bis jetzt, und ich würde euch wirklich raten, wenn ihr ein schönes Buch lesen wollt, solltet ihr dieses hier lesen, denn jede Seite in diesem Buch enthält das Geheimnis, nach dem ihr sucht. Jede einzelne Seite. Meine Frau und ich haben neulich abends darüber gesprochen, als wir uns an unsere erste Begegnung mit Bill und Linda erinnerten. In diesem Buch wird das alles beschrieben: wie sie sich verändert haben, wie es sich in ihnen gezeigt hat, wie sie Leben gefunden haben. Und es war alles so einfach, denn du musst nirgendwohin gehen, um es zu finden. Es ist innen. Geh einfach zurück nach innen und finde diese Wahrheit ..."

---aus der Aufnahme mit dem Titel „Früher Syd" (ohne Datum), zur Verfügung gestellt von Christian McNeill aus der privaten Kollektion von Allan Flood.

Ich kann nicht genug betonen, wie geehrt und privilegiert ich mich fühle, mit Syds Originalworten, die niemand außer Linda jemals zu Gesicht bekommen hatte, zu arbeiten, und als Editor dafür zu sorgen, dass sie als Buch veröffentlicht werden. Linda ist eine so wundervolle Autorin und Syds Stimme klang heraus mit solcher Klarheit, dass nur wenig Korrektur nötig war. Nun bin ich besonders glücklich darüber, dieses Buch mit dem Rest der Welt teilen zu können. Ich kann sagen, dass ich darin Schätze in Hülle und Fülle gefunden habe, insbesondere im späteren Verlauf des Buches.

Danke dir, Linda, dass du dieses fantastische Geschenk mit uns teilst. Ich persönlich stehe tief in deiner Schuld ...

Jack Pransky
Boca Raton, Florida
November 2015

VORWORT ZUR DEUTSCHEN AUFLAGE
von Katja Symons

Als ich dieses Buch vor einigen Jahren das erste Mal (im Original) las, mochte ich es nicht so sehr, wie das erste Buch von Linda Quiring *Insel der Erkenntnis*, welches sie zusammen mit Sydney Banks geschrieben hatte. Inzwischen liebe ich es!

Linda Quiring bringt auch mit ihrem zweiten Werk über die Historie und wie sie sich an die frühen 70er Jahre mit ihrem Freund und Mentor Sydney Banks erinnert, eine Menge Licht in die Natur unseres Erlebens. Dabei stammen auch hier wieder sämtliche Zitate von Sydney Banks selbst, aus seiner eigenen Feder. In meinen Augen ist es genial, wie seine Worte einem immer wieder vor Augen führen, wie unser Intellekt uns Menschen in die Irre führt.

Faszinierend finde ich, dass mir dies beim ersten Lesen gar nicht aufgefallen war! So legte ich das Buch damals beiseite, bis ich anfing, die Übersetzung zu editieren. Was für eine Bereicherung, es erneut zu lesen! Rückblickend vermute ich, dass mein ach-so-schlauer Intellekt damals der Weisheit dieses Buches einfach in die Quere gekommen war! Nach einigen Jahren der Beschäftigung mit den Drei Prinzipien muss ich wohl *gedacht* haben, ich würde verstehen, worüber Syd sprach! Aus heutiger Sicht kann ich nur sagen, dass das, was ich damals zu verstehen *glaubte*, eine Falle meines eigenen Verstandes war.

So bekommt unser Verständnis noch einmal eine viel tiefere Dimension, wenn wir *erkennen*, dass all die Dinge, die wir zu wissen *glauben*, keine Wahrheiten sind! Wie Sydney Banks uns immer wieder erinnert, können wir die wahre Essenz unseres Seins weder intellektuell verstehen noch mit Worten treffend beschreiben. Und doch ist die Versuchung groß, das, was wir über unsere wahre Natur zu wissen scheinen, in unseren Köpfen als ein „Konzept" und unter einem „Namen" abzuspeichern.

Syd hingegen spricht über ein Wissen *jenseits* des Verstandes. So sind all unsere Glaubenssätze, Überzeugungen, Ansichten, Auffassungen, Konzepte, Ideen, Wünsche, Vorstellungen, Erwartungen usw. doch alle gleichermaßen ein Produkt unseres eigenen Geistes, hinter dessen Kulissen wir hier schauen wollen!

Dass es jenseits all unserer Denkweisen *eine* Wahrheit gibt, die jeder Mensch *erfahren* kann – das macht mir Mut! Denn unsere *wahre* Natur kann niemals verloren gehen. Sie liegt bereits unberührt und vollkommen in uns – in *jedem* von uns, in *jeder* Situation. Sie ist unabhängig von unseren Umständen und unserer Vergangenheit. So ist es immer nur eine Frage der Blickrichtung, sie zu finden. Und das ist, was ich an diesem Buch so sehr schätze: Syds Worte machen uns einfach deutlich, wo wir unser wahres Selbst tatsächlich jederzeit selbst entdecken können.

Wenn Sie dieses Buch nun lesen, möchte ich Sie einladen, für einen Augenblick alles zu vergessen, was Sie schon wissen. Lesen Sie *jenseits* der Bedeutung der Worte! Sydney Banks hat versucht, das Unmögliche zum Ausdruck zu bringen und so manches klingt wie ein Rätsel. Doch haben seine Worte die Macht, dass sich einfach nur durch das

Wegfallen unserer Konditionierungen in uns etwas öffnet, was schon immer da war. Wir können *jenseits unseres kleinen Geistes* tatsächlich die Freiheit und den Frieden finden. Und das wünsche ich Ihnen!

Erlauben Sie mir noch eine Bemerkung zur Übersetzung des englischen Wortes „mind": Auf deutsch haben wir meist die Übersetzung „Geist" oder „menschlicher Geist" gewählt, wollten jedoch manchmal für den sprachlichen Zusammenhang auch das Wort „Verstand" benutzen. Ich möchte das hier erwähnen, weil Linda und Syd diese Begriffe im Buch nicht als zwei oder drei unterschiedliche Worte erwähnen. Sie sprechen immer nur von „mind". Der Geist, ob ursprünglich oder menschlich, ist ein und dieselbe Kraft, die in uns wirkt, während der im deutschen Wortgebrauch übliche Begriff „Verstand" in Syds Verständnis eher ein Resultat dieser Kraft ist. Wir haben im Deutschen einfach verschiedene Worte für „mind," je nachdem, aus welcher Betrachtungsweise heraus wir diese benutzen.

Auch die Übersetzungen der beiden weiteren Bücher von Linda Quiring sind bereits in Arbeit. Es hatte sich nur so ergeben, dass dieses hier – obwohl es eigentlich Lindas zweites Buch über ihre Zeit mit Sydney Banks ist – zuerst das Licht der Welt erblicken wollte. So geht mein herzlicher Dank sowohl an die Autorin als auch an den Verleger, Paul Rabinovitch, für ihr Einverständnis, dass dieses Geschenk *Jenseits aller Glaubenssätze* nicht länger als nötig vor der deutschsprachigen Welt verborgen bleibt.

Ferner möchte ich mich an dieser Stelle noch bei allen Menschen bedanken, die mich bei diesem

Projekt unterstützt haben, insbesondere an Justyna für die kreative Zusammenarbeit und das gemeinsame Finden sprachlich eleganter Lösungen, selbst die ungewöhnlichsten Formulierungen so ins Deutsche zu übersetzen, dass sie *gehört* werden können; an Erwin für seine Unterstützung; an Ulrike für ihr wertvolles Feedback. Vor allem aber geht mein Dank an Syd und Linda, die dieses Juwel der Zeitgeschichte in die Welt gebracht haben! Und an Paul, für diese und all seine Veröffentlichungen über die Drei Prinzipien – ohne Jack Pranskys Buch *Das hätte uns jemand sagen sollen!* gäbe es dieses hier wahrscheinlich nicht!

Berlin, im Juni 2021
Katja Symons

Anfang 1979, fünf Jahre nachdem Sydney Banks und ich begonnen hatten, zusammen zu schreiben, hatten wir das Manuskript für unser nächstes Buch, *Jenseits aller Glaubenssätze*, fertiggestellt. Von unserem ersten Buch, *Insel der Erkenntnis*, waren 2.000 Exemplare verkauft worden, aber bald sollten dramatische Veränderungen Einzug halten.

Syd hatte Dutzende eifriger Studenten um sich herum versammelt, die ihm zuhören und von seiner unglaublichen Erfahrung lernen wollten. Er war mit Herz und Seele dabei, seine Weisheit zu teilen und sprach mit allen Interessierten, unabhängig davon, ob es Vertreter einer religiösen Organisation, Lehrer oder Erzieher, und schließlich auch Therapeuten und Psychologen waren, die nach und nach auf Salt Spring Island ankamen. Einer von ihnen war der Psychologe Dr. Roger Mills.

Schon bald war Syd dauernd auf Reisen, von Eugene, Oregon, nach San Francisco, Los Angeles, Minnesota und Florida, wo Zentren errichtet wurden, um seine Lehren weiter zu verbreiten. Als der Rest der Welt nach ihm verlangte, neigte sich die Zeit des gemeinsamen Schreibens dem Ende entgegen, und wir arbeiteten nie wieder zusammen, auch, wenn wir bis zu seinem Tod im Jahre 2009 weiterhin befreundet waren.

Schon bald wurde Syd und den anderen klar, dass seine Lehre durch die Psychologie verbreitet werden konnte und dass sie letztendlich auf diese

Weise den meisten Menschen zugute kommen würde. Als sich unsere Wege trennten, folgte ich dem Ruf der spirituellen Lebensweise, die mir von Syd nahe gebracht wurde, und hatte nur geringes Interesse an der Psychologie. In der Zeit, bevor ich Sydney Banks traf, war ich dringend auf Hilfe angewiesen und hatte das Gefühl, dass die Psychologie mich damals im Stich gelassen hatte.

Syd und ich blieben befreundet und trafen uns ein paar Mal im Jahr, um uns über unser Leben, unsere Familien und Erlebnisse auszutauschen. Obwohl ich ein oder zwei große Versammlungen besucht hatte, auf denen er sprach, wurde ich nie eine Studentin der Drei Prinzipien, die aus seiner Botschaft entstanden waren. Irgendwie hatte das einsame Manuskript, das ich auf einer alten Electric-Schreibmaschine getippt hatte, fast 35 Jahre lang auf dem Regal liegend Staub angesammelt.

Dann kam Jack Pransky in mein Leben, ein Lehrer, der seit 23 Jahren die Drei Prinzipien unterrichtete. Eines Tages klingelte das Telefon, Jack stellte sich vor und erkundigte sich nach *Insel der Erkenntnis* und wir sprachen mehrmals ausführlich. Irgendwann ließ ich die Bombe platzen, dass es ein zweites Manuskript gäbe und daraufhin ließ Jack nicht locker, bis seine Vision, das Buch zu veröffentlichen, verwirklicht wurde. Zu meiner großen Freude sollte *Insel der Erkenntnis* neu aufgelegt werden und *Jenseits aller Glaubenssätze* endlich das Licht der Welt erblicken, denn Jack glaubte, dass Syds Worte vielen Menschen helfen würden.

Das Leben ist manchmal seltsamer, als man es

sich ausdenken könnte und nun scheint es, als hätte das Schicksal dieses einsame Manuskript so lange aufbewahrt, bis die Welt für die unglaublich direkte und intuitive Botschaft dieser „reinen und unverfälschten Erleuchtungserfahrung", die Sydney Banks zuteil wurde, bereit war.

Syd, meinem Lehrer und Freund, möchte ich sagen, wie fantastisch die Reise war, die wir zusammen und getrennt voneinander erlebt haben. Ich danke dir.

Linda Quiring
Salt Spring Island, Britisch-Kolumbien
11. November 2015

Sydney Banks mit Linda Quiring
auf dem Weg zum Traualtar bei ihrer Hochzeit 1976

KAPITEL 1

ALLES IST INNEN

Salt Spring ist eine Insel voller Magie. Jede Jahreszeit bringt einen dramatischen Wandel mit sich.

Jetzt im Frühling konnte ich fast spüren, wie sich die Erde umtriebig auf neues Wachstum, einen neuen Lebenszyklus vorbereitet.

Mein Mann Bill und ich fuhren auf einer altgewohnten Landstraße. Die frühe Abendluft trug nur einen Hauch von Wärme in sich, schien jedoch mehr zu versprechen. Ich fühlte mich aufgeregt, merkwürdig aufgekratzt, vielleicht lag das aber auch nur am aufkeimenden Frühling.

Es war ein Abend voller Magie und Poesie, und wir erwarteten sehnlichst die kommenden Stunden. Bill und ich waren auf dem Weg zu Syd und seiner Frau Barb, wo wir uns, wie unzählige Male zuvor, auf eine gemeinsame Reise begeben wollten.

Wir waren Abenteurer und unsere Reise führte ins Innere, wo die wahren Geheimnisse des Lebens liegen. Wir hatten diesen ersten Schritt gemacht und fanden eine Welt vor, die frisch und neu für uns war. Wir waren zuerst zögerlich. Jetzt wussten wir, dass wir den Weg gefunden hatten. Es störte nicht, dass uns einige nicht auf diesem Weg begleiteten, denn es gab viele, die es taten. Es lebte ein Mann in unserer

Mitte, ein ausgesprochen gewöhnlicher Mann. Er hatte uns den Weg gezeigt.

Einfach nur mit Worten, Worten, die so vertraut und zugleich total rätselhaft waren, hatte er uns eine Welt hinter den Schleiern der Illusion gezeigt. Er war nicht sehr belesen, sprach jedoch wissend über die Geheimnisse des Lebens.

Die Worte waren immer einfach – ihre Wirkung tiefgreifend.

Bill bog in die lange, schlängelnde Auffahrt ein. Im Inneren des Hauses befand sich ein Zimmer, das zu leuchten schien. Wir sprachen oft über dieses Zimmer, über seine Einzigartigkeit. Hier, so schien es, hatten unsere Leben wirklich begonnen.

Dieses Zimmer, es war das Wohnzimmer der Banks, war einladend mit seiner Wärme und lebhaften Farben, die Stimmung darin war jedoch sanft und dezent. Es war weder altmodisch noch modern eingerichtet, mehr eine Mischung aus beidem. Es vermittelte Zeitlosigkeit.

Draußen vor dem Fenster war das Meer zu sehen, mit seinem ewigen Spiel der Ebbe und Flut. Und drinnen war immer eine Feuerstelle, die mit ihrem brennenden Feuer jeden Menschen willkommen hieß. „Tritt ein," sagte das Zimmer. „Suche dir ein bequemes Plätzchen. Trinke einen Tee und sei zuhause."

Wir nahmen die Einladung an und setzen uns.

Das Telefon klingelte und Syd sprach voller Enthusiasmus mit dem Anrufer:

„Finde das Geheimnis deiner inneren Bewusstseinszustände und die Welt, die du kennst, wird nicht länger ein Glaubenssatz, sondern FAKT sein!"

Bill und ich schauten uns kurz an. Ich fühlte mich etwas schuldig angesichts unseres Mithörens, aber dieses Gespräch war faszinierend!

„Es sind FAKTEN oder das WISSEN, durch die sich die Einfachheit des Lebens offenbart. Es ist dieses WISSEN, das dich von den trivialen Auffassungen befreit, die Elend und Geisteskrankheit überhaupt erst entstehen lassen. Wissen bringt Liebe und Verständnis, jenseits deiner wildesten Vorstellungen!"

Ein solches Statement war sehr typisch für Syd und hatte immer ratlose Blicke zur Folge. Die Worte schienen überhaupt keinen Sinn zu ergeben. Und doch wussten wir, genau diese Worte hatten die Macht, ihrem Zuhörer echtes Wissen vom Leben zu vermitteln.

Ich hatte gelernt, dass es unmöglich war, die Bedeutung hinter Syds Worten zu entschlüsseln. Wir müssen zuhören und voller Vertrauen akzeptieren, dass sich Verständnis einstellen wird. Und das tat es. Nicht durch intellektuelles Bemühen, sondern indem man das Hören oder Sehen von Wahrheit in leisen, friedlichen Momenten erlebte.

Ich erinnerte mich an das erste Mal, als ich solche Worte hörte. Damals fragte ich Syd, was er mit HÖREN und SEHEN meinte.

„Das kann man nicht erklären," sagte er.

„Es ist die ERFAHRUNG einer klareren Sicht auf die Welt. Nicht nur auf deine Welt, sondern auch auf die Welt im Inneren."

Nun, das war damals komplett neu für mich! Ich wusste nicht, was ein Bewusstseinszustand war, und, falls ich jemals im Besitz eines solchen gewesen sein sollte, dann war dieser Zustand meinem Gefühl nach alles andere als perfekt. Dennoch öffnete etwas in seinen Worten eine Tür zu einem inneren Raum in mir, einem Raum, an den ich mich nur vage erinnern konnte.

Nach einer Weile kehrte Syd von seinem Telefongespräch zu uns zurück, ein Lächeln im Gesicht.

„Er ist genau wie du," sagte er zu mir. „Er denkt zu viel!"

Früher wäre ich empört aufgesprungen und hätte Syd mit einem heftigen: „Was soll das denn?" herausgefordert.

Jetzt wusste ich, was er meinte! Das sind die Vorzüge, einen Mentor zu haben, vor allem einen, der seiner Zeit voraus war. Das und meine eigenen Erfahrungen hatten mir die Augen geöffnet. Das einzige Hindernis auf dem Weg zu meinem Glück, zu meinem Seelenfrieden und der Weisheit, die ich suchte, war und ist immer nur ... mein eigenes Denken!

Syd ging hinüber zu seinem Lieblingssessel. Barb brachte Tee und Gebäck und wir unterhielten uns.

Unsere Gesprächsthemen wanderten, wie üblich, von hier nach dort, vom Gärtnern zum Bewusstsein, zu Bills neuem Hemd und immer wieder zurück zum Bewusstsein.

Wir bemerkten das Verstreichen der Zeit nur an der Uhr, die ganze und halbe Stunden anstimmte. Bald vergaßen wir alle Gedanken über die alltägliche Realität, denn Syd erzählte uns über das innere Leben, das einzig WIRKLICHE Leben. Oft waren es Worte jenseits unseres Fassungsvermögens.

Als er darüber sprach, wurde seine Stimme weicher und seine Worte machtvoller. Es schien, als spräche er nicht von dieser Welt, eine Welt beschreibend, die wir nie gesehen hatten. Seine Augen waren lebendig und strahlend, sein Gesicht vollkommen friedlich. Diesen Ausdruck hatte ich bei keinem Menschen zuvor gesehen. Ein Moment von großer Intensität setzte ein und es schien, als könnten wir diese Welt, von der er sprach, tatsächlich greifen.

Und dann – Syd lächelte! Ein herrliches, großes, grinsendes Lächeln. Sein Gesicht, sein ganzes Sein schien aufzuleuchten. Und das war immer wieder ein Hochgenuss, obwohl ich es bereits tausende Male gesehen hatte!

Ein Teil davon war pure Freude, Freude darüber, einfach am Leben zu sein. Und ein Teil schien zu sagen, dieses ganze Ding ist doch nur ein großer, kosmischer Witz, unbeschreiblich witzig, zu witzig um ihn mit Worten beschreiben zu können. Ein weiterer Teil seines Lächelns war Liebe, einfach nur Liebe.

Syd sprach weiter und schaute mich dabei direkt an. Ich hatte irgendwie das Gefühl, dass seine Worte nicht von ihm, von Syd, kamen, sondern von einem Ort jenseits von ihm.

„Alles Leben ist Energie, die sich durch das Denken als Form manifestiert. Der Ursprung dieser Energie umfasst das Wissen, nach dem die gesamte Menschheit sucht. Hierin liegt das Geheimnis des Selbst. Hier, meine liebe Linda, liegt das Geheimnis des Lebens!"

Die Worte waren überzeugend. Wieder einmal gaben sie mir die Sicherheit, dass es nichts gab, das ich tun konnte oder tun musste. Denn das Wissen, das ich suchte, lag bereits tief in meinem Inneren.

Die Uhr läutete und zeigte uns, dass es Zeit war zu gehen, und wir wünschten Syd und Barb eine gute Nacht. Wieviel Glück wir hatten, solche Freunde zu haben!

Bill und ich fuhren schweigend und genossen den stillen Augenblick. Plötzlich sprach Bill voller Enthusiasmus.

„Es ist erstaunlich," sagte er. „Einfach erstaunlich!"

„Was meinst du?" fragte ich.

„Syd! Er hat es! Er hat tatsächlich das Geheimnis gelüftet! Und das innerhalb von einer Sekunde. Unglaublich!"

„Ich verstehe genau, was du meinst," sagte ich. „Wenn ich ihn sprechen höre, dann weiß ich, ich

WEISS einfach, dass er die Wahrheit spricht. Denke ich jedoch darüber nach, setzt mein Verstand ein und sagt, ‚Das kann nicht sein. Wie ist es möglich, innerhalb von einer SEKUNDE die Wahrheit zu finden?' Dafür muss man normalerweise jahrelang studieren oder tausende Bücher lesen, die niemand versteht. Du denkst dir, ‚Es kann doch nicht so einfach sein!'"

„Aber das ist es," sagte Bill. „Der Verstand ist nur nicht in der Lage, diesen Fakt zu akzeptieren!"

Wir lachten. Es war ein perfekter Abend.

KAPITEL 2

FAKTEN DES LEBENS

Am nächsten Morgen ging Bill zur Arbeit und ich verbrachte den Tag damit, im Haus herumzuwerkeln. Es fühlte sich an wie ein Geschenk, den Tag alleine verbringen und all die kleinen Dinge tun zu dürfen, die ich so mag. Ich goss meine Pflanzen, wischte Staub und machte mich an das Geschirrspülen.

Ich hatte ein wunderschönes, warmes Gefühl in mir und es fühlte sich gut an, ich zu sein. Ich schaute hoch und durch das Fenster, durch das die Sonne herein schien. Mein Blick fiel auf die Wiese jenseits der Bäume.

„Ich habe solches Glück," dachte ich bei mir. „Ich habe alles, was ich jemals wollte."

„Es ist wahr!" stellte ich fest.

„Ich habe wirklich alles. Einen wundervollen Ehemann, einen tollen Sohn und unzählige Freunde."

Innere Freude durchströmte mich und Tränen traten mir in die Augen. Plötzlich fand ich das Bild von mir, wie ich am Waschbecken stehe und ins Spülwasser weine, einfach zu witzig. Ich musste laut lachen, und fühlte mich total frei, total glücklich.

Jahre zuvor, als ich in Krankheit und Verzweiflung lebte, hätte ich mir nicht einmal erträumen können, dass ein derartiges Gefühl überhaupt möglich war. Alles, was ich getan hatte, war, einem Mann dabei zuzuhören, wie er die Wahrheit über das Leben sprach, und Leben wurde mir gegeben.

Nachdem mein Sohn Gary an diesem Abend eingeschlafen war, fragte ich Bill, ob er etwas frische Luft schnappen wollte. Wir spazierten im Mondschein zum Kanal, wie wir es in den letzten drei Jahren so oft getan hatten. Unser gemeinsamer Spaziergang war immer eine besondere Zeit für uns, denn nach einem vollen Tag gehörte diese eine Stunde nur uns beiden. Bevor wir den Hügel zum Haus wieder hinauf stiegen, machten wir an der kleinen Brücke halt.

„Weißt du," sagte ich, „Ich habe über Syd nachgedacht, darüber, was er letzte Nacht sagte. Über Fakten."

„Was ist damit?" fragte Bill.

„Nun," fing ich an, „er sprach am Telefon über Fakten. Für mich ist ein Fakt ein Fakt. So, wie zwei plus zwei vier ergibt. Aber wenn Syd das Wort Fakt verwendet, weiß ich, dass damit etwas anderes gemeint ist."

„Warum fragst du ihn nicht," schlug Bill vor.

„Ich glaube, genau das werde ich tun!"

Bei unserem nächsten Besuch hatte ich dann meine Frage parat: „Syd, was ist ein Fakt?"

Syd, der zuvor aus dem Fenster geschaut hatte, drehte sich um und blickte mich einen Augenblick lang aufmerksam an. Dann setzte er sich und sagte:

„Wie soll der Geist es fertig bringen, einen Fakt zu begreifen, wenn du darauf beharrst, in einem Geist voller Glaubenssätze zu leben?

Meine Liebe, ein FAKT kann nicht erklärt, sondern muss erfahren werden. WISSEN ist ein Fakt! SEHEN ist ein Fakt! Jede neue Stufe des Bewusstseins bringt FAKT zum Vorschein!

Weißt du, der menschliche Geist kann nur Glaubenssätze verstehen. Der universelle Geist hat nichts mit Glaubenssätzen zu tun, sondern mit FAKTEN. Der menschliche Geist wiederum kann einen Fakt gar nicht verstehen, denn er selbst ist nur ein Glaubenssatz, KEIN Fakt!"

Ich saß da, ziemlich sprachlos. Mir wurde bewusst, dass ich mit einer vorgefertigten Meinung, einem Glaubenssatz über den Begriff „Fakt," zu Syd gekommen war. Er beantwortete meine Frage und erklärte alles über Fakt. Als würde ich es vollkommen verstehen, sagte ich, „Ja, richtig!" und das war's.

Aber seine Worte wiesen auf etwas hin, das jenseits des intellektuellen Verständnisses lag. Ich fühlte, dass mein Ego gerade in seine Schranken verwiesen worden war!

„Es ist wieder das alte Ego," kicherte ich.

Syd lächelte und fuhr fort. „Es ist das Ego, das uns davon abhält zu sehen, wonach wir suchen. Es ist ein Bild der Wichtigkeit des Selbst, voll beladen mit Angst und Unsicherheit. Es ist der größte Feind des Menschen!"

„Ich dachte, der Mensch selbst sei des Menschen größter Feind," sagte Bill.

Syd schnippte mit den Fingern. „Genau!"

Er erhob sich, schritt durch den Raum zum Fernseher und schaltete ihn ein. Eine halbe Stunde lang sahen wir Archie Bunker dabei zu, wie er urkomisch durch das Spiel des Lebens stolperte. Ich hatte die „Fakten" völlig vergessen.

Etwas später begann Syd wieder davon zu sprechen.

„Stellt euch vor," sagte er. „Ich war dreiundvierzig Jahre alt und war bis dahin noch nie einem Fakt begegnet. Das erste Mal, als ich einen Fakt HÖRTE, war so überwältigend, dass ich der Schönheit kaum standhalten konnte. Die Schönheit, die durch das Erkennen dieses Faktes zu mir kam, war so faszinierend, dass ich drei Tage und drei Nächte nicht schlafen konnte.

In der dritten Nacht war ich zum Bersten voll mit Liebe. Ohne Warnung traf mein himmlischer Wagen ein. Ich war zuhause, im Land des Wissens. Ich war frei.

Es war doch wahr. Alle Geheimnisse des Lebens liegen innerhalb unseres eigenen Bewusstseinszustandes."

Syds Worten folgte Schweigen, eine tiefe und friedvolle Stille. Ich hatte ihn oft über seine damalige Erfahrung sprechen gehört, aber noch nie zuvor hatte er so bewegend darüber berichtet. Seine Augen strahlten buchstäblich mit unsagbarer Liebe.

Diese Liebe teilte er mit jedem von uns. Ich fühlte mich geehrt, dass ich zu meinen Lebzeiten so einem Mann begegnen durfte.

Als ob von der Kraft dieser Emotionen verunsichert, kehrten meine Gedanken zurück. Syd hatte von einem himmlischen Wagen gesprochen und seine Worte riefen ein wunderschönes Bild in meinem Kopf hervor. Ein goldener Triumphwagen, vorgespannt galante, weiße Hengste, die uns augenblicklich in das *Land des Wissens* entführen würden.

Wie unglaublich!

„Erzähle uns mehr über dieses Gefährt, Syd."

„In der Sekunde, in der du bereit bist, wird der himmlische Wagen erscheinen und so hell mit dem *Licht des Wissens* leuchten, dass er dir den Weg nach Hause zeigt."

Bill fragte daraufhin, „Kann dieser Wagen nur von denen erkannt werden, die Fakten sehen?"

„Ja, genau," antwortete Syd. „Manchmal bauen Menschen die Wagen aus Glaubenssätzen statt aus Fakten. Dann erweisen sich die Wagen, genau wie die Glaubenssätze, aus denen sie entstanden sind, als illusionär und wertlos.

Ein Wagen aus Glaubenssätzen wird dich durch löchrige und dunkle Wege führen. Weißt du, so ein Wagen hat kein Licht und geht grundsätzlich verloren.

Ein Wagen aus Fakten dagegen ist ein

machtvolles Ding. Er ist so voller Liebe und Verständnis, dass der menschliche Geist ihn nicht begreifen kann.

Solltest du diesem wunderschönen Gefährt jemals begegnen und das Licht der Liebe erkennen, das es aussendet, kannst du dich wirklich glücklich schätzen. Die Schönheit darin ist, dass dieser Wagen jeder lebenden Seele nach Belieben zur Verfügung steht. Glaube mir, wenn du bereit bist, wird dein himmlischer Wagen erscheinen."

Syd sprach mit einer solchen Überzeugung und einem solchen Selbstvertrauen, dass ich das Gefühl hatte, mein himmlischer Wagen könnte jeden Moment eintreffen. Ich sonnte mich für einen Moment in diesem Gefühl der Zuversicht. Ich war recht zufrieden mit mir selbst.

„Allerdings," warnte Syd, „wenn du es nicht merkst und deine Glaubenssätze daran festmachst, um den Wagen im Zaum zu halten, bist du ein Narr und bezahlst dafür einen hohen Preis."

Oh, oh. Mein Selbstvertrauen schwand. Ich hatte das Gefühl, dass Syd meine Gedanken lesen konnte. Jedes Mal, wenn ich dachte, etwas zu wissen, stellte ich fest, dass es noch so vieles zu lernen gab. Ich stand erst am Anfang.

„Syd, ich verstehe es einfach nicht."

„Das, was ich gerade sagte, ist absolut nicht zu verstehen! Dennoch ist es möglich, dass du einen FAKT erfährst, wenn du dem Unerklärlichen zuhörst!"

Syd lächelte. Er hatte diesen unergründlichen Ausdruck im Gesicht.

„Eine Verstandes-Auffassung," sagte er, „ist wie ein Korkenknaller ohne KNALL!"

Wir brachen in Gelächter aus. Wir wussten nie wirklich, was er als nächstes sagen würde. Aber ich war immer noch verwirrt. Ich wollte es wirklich verstehen.

„Ist Wissen der himmlische Wagen?" fragte ich.

„Wissen," antwortete Syd, „stellt sicher, dass du den Wagen SEHEN kannst. Im Grunde ist der Wagen nicht das Wissen, sondern DER WEG. DER WEG ist nicht von dieser Welt. Er kann nicht mit Worten beschrieben werden. Man muss jenseits der Worte schauen, um die Erfahrung zu finden!"

Wir sprachen noch ein paar Minuten und dann erwähnte Bill das Licht, von dem Syd gesprochen hatte. Es war interessant, denn die Bibel und viele religiöse und geistliche Lehren sprachen auch vom „Licht."

Ich fragte, „Welche Art von Licht hat der himmlische Wagen?"

„Für alle Menschen, die diesen Himmelswagen SEHEN, leuchtet er mit dem Licht der Hoffnung, welches Menschen zum Himmel hier auf Erden führt.

Es gibt nur einen goldenen Wagen. Es gibt viele andere, die aus Falschgold und Zwirn bestehen und die bei der geringsten Berührung auseinanderfallen. Wenn du bereit bist, garantiere ich dir, dass er eintreffen und dich nach Hause führen wird. Zuhause ist dort, wo das Geheimnis des Denkens und seiner Beziehung zum Leben liegt.

ALLES LEBEN IST DENKEN, und DAS, meine lieben Freunde, ist ein FAKT!"

Plötzlich saß Syd aufrecht in seinem Stuhl.

„Ich denke, wir haben genug über den himmlischen Wagen gesprochen. Ich sehe, dass euch mal wieder die ollen Köpfe rauchen. Hört auf, dahinter kommen zu wollen, und hört einfach zu."

Er schüttelte seinen Kopf, als wollte er unterstreichen, dass es völlig sinnlos war.

„Hört einfach zu," sagte er. „Es wird alles passieren."

Seine Worte versetzten mich ein paar Jahre zurück zu dem Tag, als Bill und ich das erste Mal mit Syd gesprochen hatten. Als zwei verlorene, verängstigte und verwirrte Menschen, die wir damals waren, hatten wir keinen blassen Schimmer von dem Leben, von dem er damals gesprochen hatte.

„Hört einfach zu," hatte er gesagt. „Es wird alles passieren."

Seine Worte hatten uns damals mit Hoffnung erfüllt. Heute waren wir nicht nur hoffnungsvoll, vielmehr hatten wir einen unbezwingbaren Glauben an die Zukunft entwickelt.

Seine Worte waren wahr geworden!

KAPITEL 3

ZWEI VERSCHIEDENE WELTEN

Wir lernen im Inneren, im Herzen, zu leben. Ich weiß jetzt, dass wir Liebe nicht finden, sondern dass wir die Liebe freilegen müssen, die verborgen bereits unter dem Labyrinth unserer Gedanken liegt.

Es mag sein, dass mein Verstand mich morgen wieder dazu verführt, in der Illusion zu leben, aber die Illusion wird immer schwächer. Sie hat ihre Kraft verloren. Die neue Realität ist zu einer festen Größe gewachsen, die immer in mir ist. Ich bin diese neue Realität!

Ich habe nicht immer in dieser Art Realität gelebt, denn bis ich Wahrheit gehört habe, war meine Welt ganz anders. Ich kann mich an eine Zeit erinnern, auch, wenn ich das selten tue, als es in meinem Leben keine Freude, keine Hoffnung gab. Die Welt war grau, leblos; und so fühlte ich mich auch, grau und leblos.

Meine Kindheit war reich an Träumen von einem aufregenden Leben. Ich träumte davon, von einem charmanten Prinz entführt zu werden, mit ihm in einem Landhaus am Meer zu wohnen und für immer glücklich zu sein. Aber das war ein Märchen. Ich lernte, dass es nichts mit der Wirklichkeit zu tun hatte.

Viel zu schnell wurde ich erwachsen, und das Leben bedeutete harte Arbeit und Krankheit. Es bedeutete eine erste Ehe, die scheiterte. Ein kleiner Sohn kam in mein Leben und verband sein Leben mit meinem. Ich klammerte mich in meiner Einsamkeit an ihn und hoffte, dass sein Leben anders verlaufen würde. Dabei war alles, was ich mit ihm teilte, meine eigene Angst und Verwirrung. Ich wollte ihn kontrollieren, und er, mit der angeborenen Weisheit eines Kindes, rebellierte dagegen.

Viel zu jung wurde ich krank und alt. Ich wurde mit Herzproblemen ins Krankenhaus eingeliefert und hatte Angst, dass ich sterben würde. Damals war ich dreiundzwanzig Jahre alt. Der Zustand meiner Nieren verschlechterte sich rapide und ich war gegen fast alles allergisch.

Ich litt unter ständigen Kopfschmerzen und musste eine Brille tragen. Es kam eine Zeit, als ich das sichere Gefühl hatte, es gäbe nichts, wofür es sich zu leben lohnte. Tatsächlich betete ich damals, ich möge sterben, denn ich hatte zu viel Angst davor, mir selbst das Leben zu nehmen, ein Leben, das unerträglich geworden war.

Und dennoch wusste ich, dass ich weitermachen und mich um meinen Sohn kümmern musste. Also habe ich mich vor lauter Verzweiflung selbst aus dieser Lethargie herausgezogen und begann zu suchen. Ich suchte nicht nach Glück, denn ich glaubte nicht mehr daran. Ich suchte nach irgendeiner „Antwort".

Meine Suche führte mich zuerst zu Büchern. Dort fand ich ein paar Antworten. Die großen Denker hatten einst großartige Ideen, aber ihre Worte waren für mich nur leere Worthülsen. Ich ersetzte ein paar alte Glaubenssätze mit neuen, was jedoch nichts an meinem Gefühl änderte.

Bald entdeckte ich, dass man sich mit dem Thema „Bewusstsein" beschäftigen konnte, und traf auf Menschen, die dabei waren, ihr Leben zu ändern. Ich fand eine Gruppe, die sich mit Bewusstseinserweiterung befasste, trat ihr bei und fühlte zum ersten Mal seit vielen Jahren ein kleines Fünkchen Hoffnung.

Die Gruppe war aufregend, das muss man ihr lassen. Ich verbrachte sechs Monate damit, mit „Hass-Stöcken" auf Kissen einzuschlagen. Das würde mich, so versicherte man mir, von meinem Hass befreien. Wir schubsten uns gegenseitig herum, was uns von Feindseligkeit befreien sollte. Wir weinten und schrien. Schreien schien eine großartige Therapiemethode zu sein; es beseitigte fast jedes Problem. Ich lernte, meine „Gefühle zum Ausdruck zu bringen" und fand, dass das nur dazu diente, meine Freunde loszuwerden.

Das Fünkchen Hoffnung, das ich anfangs empfunden hatte, löste sich auf. Es wurde langweilig, alles war immer wieder dasselbe und ich war einfach nicht mit dem Herzen dabei. Schließlich hing ich den Hass-Stock, trotz der Feigling-Rufe der anderen Gruppenmitglieder, endgültig an den Nagel.

Abgesehen davon war etwas viel Wichtigeres passiert. Ich hatte Bill in der Gruppe kennengelernt, und wir verliebten uns leidenschaftlich ineinander. Eine Zeitlang war die Welt wieder erleuchtet, denn ich glaubte, dass „die Liebe alles überwindet".

Das hätte auch durchaus zutreffen können, hätten wir in der Gruppe nicht beide von „Freiheit" gehört. Freiheit bedeutete, dein eigener Mensch zu sein, der sein eigenes Ding machte. Theoretisch war das alles sehr schön, nur funktionierte es in der Praxis nicht sehr gut. Das waren die „70-er", das muss man dazu sagen.

Wir glaubten an die „offene Ehe". Wir hatten das Gefühl, dass die traditionelle Ehe ausgedient hatte und ein Ding der Vergangenheit war. Sie hatte keinen Platz in der modernen Gesellschaft.

Und so lebten wir miteinander und zwischen uns Welten. Ich fühlte, dass ich Bill ernsthaft liebte und er liebte mich auch, dennoch war unsere Beziehung voller Konflikte, Eifersucht und Unsicherheit. Wie oft wir miteinander stritten und uns voneinander trennten!

Das Einzige, das wir wirklich miteinander teilten, war der Wunsch, uns selbst zu finden. Zusammen durchforsteten wir ein Labyrinth aus spirituellen Trips, Lehrern, Methoden und Büchern.

Wir versuchten es mit Yoga. Meine Haltung verbesserte sich; es war eine schöne Übung. Aber sie brachte keinen Frieden.

Wir versuchten es mit Meditation. Sie verschaffte uns eine angenehme Stunde der Entspannung, aber sie brachte kein Wissen.

Wir versuchten Diäten, gesundes Essen. Wir machten Atemübungen. Wir lasen jede Menge Bücher. Jedes Buch erzählte von einem sicheren Weg, das Glück zu finden. Aber wir fanden es nicht.

Und dann hatten wir die Lösung endlich gefunden! Wir würden aufs Land ziehen, „zurück zu den Anfängen", ein ruhiges, einfaches Leben führen. Weit weg von Umweltverschmutzung, Lärm und Straßenverkehr würden wir unser eigenes Essen anbauen und den wahren Frieden finden.

Wie unschuldig wir waren!

Wir änderten komplett unsere Art zu leben, uns zu kleiden und zu sprechen. Wir änderten unser gesamtes Leben, aber wir selbst veränderten uns nicht. Innerhalb weniger Monate verpuffte der große Traum wie Nebel unter der gleißenden Sonne.

Die Trennung von Bill und mir war bitter und ich zog mich in eine sedierte Welt zurück. Ich war ein Jahr lang in psychiatrischer Behandlung und erhielt immer größere Mengen von Medikamenten. Jetzt konnten noch nicht einmal die zwanzig, oder wie viele Beruhigungsmittel und Antidepressiva auch immer, die ich jeden Tag einnahm, die blinde Panik und ununterbrochene Angst zum Schweigen bringen.

Eines Tages wachte ich in einer Nervenklinik auf. Endlich hatte ich es geschafft! Ich war verrückt geworden! Ich bekam Elektroschocktherapie.

Man gab mir die höchstmögliche Anzahl an Behandlungen, obwohl ich dachte, fünf oder sechs hätten auch genügt. Dann schickte man mich nach Hause. Die Prognose war nicht sehr optimistisch:

„Sie haben ein Trauma erlitten, möglicherweise in früher Kindheit. Sie werden viele Jahre der Psychoanalyse brauchen, Ihr Leben lang Medikamente einnehmen und sich regelmäßig Elektroschocks unterziehen müssen."

Zwei Wochen später begegnete ich auf Salt Spring Island einem Mann, der mit anderen teilen wollte, was er über das Leben gelernt hatte. Sein Name war Sydney Banks.

Fast drei Jahre sind seit dem Tag vergangen, an dem ich nichtsahnend in die Präsenz der Wahrheit hinein spaziert bin. An diesem Tag hörte ich zum ersten Mal Wahrheit.

Das Wissen, das ich erwarb, manifestierte sich sofort in meinem Leben. Bill und ich kamen wieder zusammen. Wir hatten immer noch Probleme, aber im Licht unseres neuen Verständnisses lösten sie sich schnell auf. Nach zwei kurzen Wochen warf ich all meine Medikamente weg und habe sie seitdem weder gewollt noch gebraucht.

Meine Gesundheit änderte sich, ich war voller Energie und glücklich. In meinem Leben gab es keinen Platz für Krankheit.

Ich ließ die Vergangenheit so sicher und so zuversichtlich hinter mir, als hätte sie nie existiert.

Ich hatte Wahrheit gehört. Ein paar kurze Worte veränderten mein Schicksal. Syd und Barb hatten eine Art an sich, die ich noch nie zuvor erlebt hatte. Sie waren ruhig, sie waren sicher. Ich fühlte mich dieser Eigenschaft so gewiss, wie ich es noch bei keinem anderen Gefühl zuvor erlebt hatte.

Was ich fühlte, war Stärke, so beständig und greifbar wie dieser Stift in meiner Hand. Die Worte, die sie zu mir sagten, ergaben keinen Sinn. Aber das machte nichts.

An diesem Tag wusste ich in meinem Herzen, dass ich von etwas so Unermesslichem und Schönem berührt wurde, dass es nicht in Worte gefasst werden konnte. Ich war vom Leben selbst berührt worden. Die lange Suche war zu Ende und die Kindheitsträume waren nun zu meiner Realität geworden.

KAPITEL 4

ES IST EINFACH!

Aus Tagen wurden Monate, aus Monaten Jahre. Unser Traum war im Laufe der Zeit nicht glanzlos und stumpf geworden, im Gegenteil, er strahlte für uns immer heller.

Einmal hörte ich, wie Syd zu einer kleinen Gruppe von Menschen sprach. Mitten im Satz machte er eine Pause und sagte, „Weißt du, das Leben ist von Natur aus im Fluss ..." Er fuhr fort, aber ich hörte nicht viel mehr. Seine Worte berührten mich mit ihrer kraftvollen Einfachheit. Einen Moment lang war ich dieser Fluss.

In meinem Inneren spürte ich die Freude daran, mich hinzugeben, das Leben zu akzeptieren, wie es ist, und dorthin zu gehen, wo auch immer es mich hinführt.

Ich lernte, mit dem Leben zu fließen, auf und ab, vor und zurück, aber immer in Bewegung, wachsend, Erfahrungen sammelnd. Ich lernte, Bewusstseinsniveaus zu bemerken und sehe seitdem mein eigenes Bewusstsein unentwegt steigen und fallen. Ich lernte den freien Willen kennen, und dass ich in jedem Moment entscheiden kann, ob ich glücklich oder unglücklich sein will. Mit dem Wissen darüber, dass jede Erfahrung neu ist, lernte ich, das Glück zu wählen.

An einem warmen Apriltag waren wir wieder einmal im Haus von Syd und Barb. Sie hatten uns eingeladen, diese Stunden mit ihnen zu verbringen, und wir empfanden dies nicht nur als eine Ehre, sondern auch als Geschenk. Wir saßen zu viert zusammen, umgeben von einer riesigen Rasenfläche.

In der Nähe des Hauses befand sich die kleine bronzene Statue einer Meerjungfrau, die in aller Seelenruhe dort kniete und den Inhalt ihres Kruges fortwährend in den Brunnen hinein leerte. Das stetige Rieseln des Wassers besänftigte die Sinne, sodass auch wir zur Ruhe kamen.

Der Nachmittag ging vorbei. Noch nie hatte ich die Frühlingswärme so früh im Jahr und so entspannt genossen. Gegen Abend ließen wir uns von den Meereswellen, die gegen das Ufer schlugen, hinunter zum Meer locken.

Der Mond, der hinter einer weit entfernten Insel aufstieg, leuchtete noch in den letzten Farben der Sonne. Wir fanden einen halb im Sand vergrabenen Baumstamm und saßen gemeinsam dort für einen ruhigen, zeitlosen Moment.

Eine leichte Bewegung brachte meine Gedanken zurück von dem Ort, an dem sie zwischen Himmel und Meer dahin getrieben waren. Ich sah, dass der Mond nun hoch über uns stand. Alle Gedanken und Sorgen dieser Welt verschwanden. In solchen Momenten habe ich mein tiefstes Verständnis vom Leben erfahren. Erfüllt von einem warmen und glühenden Frieden fühlte ich die Fülle des Lebens selbst.

„Wie anders die Welt ist," sagte ich, „wenn wir beginnen, sie zu sehen."

Ich habe nie glauben können, dass eine solche Welt existiert, und doch bin ich nun von ihr umgeben. Ich weiß, dass es sie schon immer gegeben hat, aber ich konnte sie nicht sehen. Die Welt ist so aufregend und mysteriös geworden. Du willst auf Menschen zugehen und sagen, „Schau mal!" aber du weißt, dass auch sie sie nicht sehen können. Zumindest nicht, bis sie bereit sind.

„Syd," lachte ich, „du hast früher immer über das SEHEN gesprochen. Ich dachte, das sei ein Trick.

Als müsstest du einfach deine Augäpfel in eine bestimmte Position bringen, oder sowas, und dann würdest du SEHEN!

Jetzt sehe ich einfach. Ich sehe das, was schon immer hier war."

Ich war ziemlich ins Schwärmen geraten und sah, dass Syd lächelte.

„Bitte," sagte ich, „erzähle uns mehr über das SEHEN."

„SEHEN," fing er an, „führt zum WISSEN. Andererseits ist WISSEN unaufhörliches SEHEN."

Eine Sekunde lang fühlte ich, wie sich meine Gedanken blitzschnell in den Vordergrund spielten, um diese ziemlich herausfordernde Aussage zu analysieren.

„WISSEN," fuhr er fort, „ist absolut unerklärlich. Man könnte sagen, ‚Es IST einfach!'"

„Aber, aber ..." dachte ich. Meine Gedanken fransten irgendwie an den Rändern aus. Sie passten ganz sicher nicht zu einem absoluten, definitiven „Es IST einfach!"

„Ach," dachte ich, „wie nutzlos der Intellekt ist, wenn er mit Weisheit konfrontiert wird."

Syd fuhr fort, ganz ungezwungen, als ob die Bedeutung seiner Worte ganz offensichtlich sei, obwohl das „Es IST einfach" für mich etwas zu tiefgründig war.

„Kannst du erklären, was du damit meinst, Syd?" fragte ich.

„,Es IST einfach'," sagte er, „bedeutet zu SEHEN, was ist, und nicht, was nicht ist."

Ich hatte fast Angst davor, die nächste Frage zu stellen. Ich kam nicht mehr mit und fühlte, dass mich jedes weitere Hinterfragen nur noch mehr verwirren würde. Aber Syd hatte die Gabe, einen extrem neugierig zu machen.

In dem Wissen, dass meine nächste Frage überhaupt keinen Sinn ergeben würde, sprang ich trotzdem kopfüber hinein:

„Syd, was ist ,was nicht ist'?"

„Was nicht ist, ist das, was der Geist von dem sieht ,was ist'. Was ist, ist Leben in vollkommener Entfaltung."

Seine Worte machten überhaupt keinen Eindruck auf meinen Verstand, der nun komplett leer war. Irgendetwas sagte mir, dass seine Antwort genauso wenig Sinn ergab wie meine Frage, und doch schien alles vollkommen einleuchtend zu sein.

Während solcher Unterhaltungen kam immer der Punkt, an dem mein Verstand aufgab, sich zurückzog und „Gute Nacht!" sagte.

Syd jedoch fuhr fort, als ob die Frivolitäten des Geistes keine Konsequenzen nach sich ziehen würden.

„,Was ist' erscheint, wenn der Geist in ein höheres Bewusstseinsniveau aufsteigt. Dieser Zustand ist auch als meditativer Zustand bekannt."

„Weißt du," sagte Bill, „als ich noch meditiert habe, dachte ich, das würde Wissen mit sich bringen. Jetzt glaube ich, dass es genau andersherum ist. Es ist wahres Wissen, das uns das Gefühl eines ruhigen und offenen Geistes bringt."

„Richtig!" rief Syd. „Menschen verwechseln ‚Meditation' mit dem ‚meditativen Zustand'. Das eine ist ein im Außen liegender Glaubenssatz. Das andere ist ein Fakt. Der meditative Zustand ist ein Bewusstseinsniveau, das dem Verstand fremd ist. Er ist eine ganz andere Realität. Er ist ein Bereich des Bewusstseins, in dem sich alle Antworten befinden, die du suchst.

Finde das Wissen, das im Inneren liegt. Hier wirst du deinen meditativen Zustand finden. ‚Der Akt des Meditierens' beruhigt den Verstand auf deiner Reise durch das Leben. Der ‚meditative Zustand' jedoch ist ein direktes Resultat des SEHENS und HÖRENS von echtem Wissen."

„Ich dachte einst, ich wüsste, was Meditation ist," sagte ich. „Jetzt bin ich mir nicht mehr so sicher."

„Das ist das Problem. Da Meditation so weit verbreitet ist, denken Menschen, sie wüssten, was das ist. Dies hat sie von der Wahrheit entfernt, statt sie ihr näher zu bringen. Nur sehr wenige Menschen haben eine Ahnung davon, was der wahre meditative Zustand ist.

Der meditative Zustand wird erreicht, wenn der Geist frei ist von Gedanken aus der Vergangenheit, die ihn jetzt kontrollieren. Es ist Sehen, nicht von Außen, sondern von Innen. Der wahre meditative Zustand ist ein göttlicher Bewusstseinszustand.

Die wahre Natur der Menschheit liegt darin, in diesem Zustand durch das Leben zu gehen. In einem meditativen Zustand sieht man mit Klarheit jenseits des menschlichen Geistes."

„Und," fragte ich, „ist es dieser Zustand, der wahre Weisheit bringt?"

„Ja. Weisheit ist ein Bewusstseinszustand. Jedes Bewusstseinsniveau ist eine eigenständige Realität. Der Mensch ist nicht mehr als ein Zustand des Bewusstseins, der seinem Entwicklungs- oder Bewusstseinsniveau entsprechend in der Zeit schwebt."

„Intelligenz," setzte er fort, „ist ein Zustand des Geistes, ein Glaubenssatz."

„Wie würdest du dann wahre Intelligenz definieren?" fragte ich.

Syd pausierte für eine Minute, schaute hoch zum Himmel, der mittlerweile ganz dunkel geworden war. Er sprach leise, über ihm zahllose Sterne.

„Wahre Intelligenz ist ein stiller Geist. Ein Geist, unvoreingenommen von Gedanken, die dich kontrollieren und dich sehen lassen, was nicht ist, anstatt was ist."

Er drehte sich um und lief langsam vom Ufer hinauf zum Haus. Barb gesellte sich zu ihm und nach einem letzten Blick auf das Meer folgten Bill und ich ihnen nach oben.

Es gab nichts mehr zu sagen. Die Lehrstunden des Lebens waren unendlich, genau wie der Himmel in dieser Nacht und die darauf verstreuten Sterne. Der Mann, der vor uns lief, hatte diese Sterne berührt und war zurückgekehrt, um uns ihre Nachricht zu überbringen.

KAPITEL 5

DAS MUSTER DES LEBENS

Der Frühsommer kehrte auf unserer Insel ein. Die Tage wurden länger und es regnete nun sanft und warm. Ein Mantel von leuchtendem Grün bedeckte die Erde, mit Tupfen von Blüten hier und da; gelb, rosa und weiß. Überall wurden Felder gepflügt und Gärten bestellt. Der erste heiße Tag brachte Erinnerungen an das Strandleben, an Melone essende Kinder, an Picknicks und Kartoffelsalat.

Die Zeit verging auf eine Art und Weise, die es mir unmöglich machte, mich an sie zu erinnern. Bill und ich hatten viel zu tun, wir bauten ein neues Haus, arbeiteten im Garten und staunten jeden Abend darüber, was wir am Tag zustande gebracht hatten. Und doch war das Leben nie einfacher gewesen.

Jeder Moment ging ohne viel nachzudenken in den nächsten über.

Eines Morgens bekam ich einen Anruf von einem Mann. Er stellte sich kurz als Robert vor und sagte, obwohl ich ihn nicht kennen würde, hätte er viel über Sydney Banks und die ihm Nahestehenden gehört. Er hätte gute Dinge gehört, fuhr er fort, viele hätten durch eine ganz einzigartige Lehrmethode ihr Glück gefunden, viele seien von Krankheiten geheilt worden. Unsere Institution sei ein wachsendes

Phänomen, das er gerne näher erforschen würde.

Er fügte hinzu, dass er ein paar Tage frei hätte, an denen er die Insel besuchen und gerne mit Syd sprechen würde.

Wir vereinbarten ein Treffen für den nächsten Morgen am Fährhafen und er bedankte sich ausgiebig bei mir, als ich ihm sagte, dass ich Syd kontaktieren und versuchen würde, ein Treffen zu arrangieren.

Robert hatte nur vage über die Gründe seines Kommens gesprochen. Ich wusste, dass Gründe hier keine Rolle spielten, denn er würde in direkten Kontakt mit der Quelle reinster Wahrheit treten.

Als ich am nächsten Morgen zum Fährhafen kam, erkannte ich ihn auf Anhieb. Er trug einen Business-Anzug, hatte einen Reisekoffer in der einen und einen Aktenkoffer in der anderen Hand.

Auf dem Weg zu Syd informierte er mich, dass er in vielen bewusstseinserweiternden und spirituellen Gruppen mitgewirkt habe. Er sei dabei, noch einige andere zu erforschen und spiele mit dem Gedanken, selbst eine Gruppe zu gründen.

Wir fuhren langsam durch die kurvenreiche Landschaft. Nicht ein einziges Mal beachtete er die unvergleichlich schönen Ausblicke, die sich auf beiden Seiten boten. Er runzelte die Stirn, während er ununterbrochen, obgleich recht sprachgewandt, von seinen intellektuellen Errungenschaften berichtete.

Er schien ein zutiefst geplagter Mann zu sein. Ausgerechnet der Verstand, auf den er so stolz war, schien ihn in einem unerträglich festen Griff zu haben.

„Das klingt so, als hättest du eine ganze Weile damit zugebracht, nach etwas zu suchen," sagte ich schließlich.

Robert schaute mich an, fassungslos darüber, was ich gerade gesagt hatte, und versicherte mir eilig, dass er sehr glücklich sei, und dass er alle beruflichen Ziele, die er sich gesteckt hatte, bereits mit Erfolg gemeistert habe.

Nachdem sich bei Syd und Barb alle miteinander bekannt gemacht hatten, machten wir es uns im Wohnzimmer gemütlich. Robert öffnete sofort seine Aktentasche und holte einen beeindruckenden Stapel handgetippter Schriftstücke und einige Hefte hervor.

„Hier ist mein Lebenslauf und einige Referenzen. Ich dachte, dass du sie vielleicht sehen möchtest."

Er legte sie vor Syd auf den Tisch.

Syd schaute auf den enorm großen Stapel von Dokumenten und brach in Gelächter aus.

Unser Besucher schnaubte regelrecht vor Wut und sagte entrüstet, „Nun ... wirst du sie nicht lesen?"

Immer noch im Lachen begriffen, antwortete Syd, „Es ist mir gleich, wer du bist oder was du in der Vergangenheit gemacht hast!"

„Wie kannst du mir denn helfen, wenn du nicht weißt, wer und was ich bin?" kam als ungläubige Antwort zurück.

Syd drehte sich leicht um, legte seine Hand sanft auf Roberts Schulter und blickte ihm direkt in die Augen. „Aber ich KENNE dich bereits!"

„Das ist unmöglich!" stotterte er, vollkommen verwirrt. „Wie kannst du mich kennen? Wir haben uns noch nie getroffen!"

Syd sprach sehr langsam und mit Bedacht:

„Höre sehr aufmerksam zu, was ich zu sagen habe. Vielleicht wirst du dann finden, wonach du suchst …

Das Menschsein ist Energie, die sich durch einen Gedankenprozess als Form manifestiert. Dieser Gedankenprozess folgt einem Muster und jede lebende Seele MUSS diesem Muster folgen. Es gibt ein großes Muster und ein kleines Muster. Wenn du das große Muster SIEHST, wirst du sehen, dass es nur eine Wahrheit gibt. Der große kosmische Gedanke ist die einzige Wahrheit, die existiert. Der kleine Gedanke ist die Wahrheit für den menschlichen Geist. Dennoch, da der Geist eines jeden Menschen individuell einzigartig ist, leben wir nicht in Wahrheit, sondern in der Illusion."

Der Verstand unseres Gastes war bereits voraus gerast.

„Wie funktioniert dieses Muster, wie du es nennst?"

„Höre einfach zu," sagte Syd zu ihm. „Höre einfach zu!"

Es schien, dass das etwas war, das Robert nur

selten tat. Ich hatte das Gefühl, er war nicht gekommen, um unsere Ansichten zu hören, sondern um seine eigenen ausführlichst zu präsentieren.

Wir saßen ein paar Minuten lang in Stille, während Robert auf den Teppich starrte. Dann hob er seinen Kopf, schaute in Syds Richtung und sagte, „Sprich weiter."

Seine Stirn war gerunzelt und er dachte so intensiv nach, dass man fast die Rädchen rattern hören konnte.

Syd sah aus, als würde er gleich grinsen, aber stattdessen begann er zu sprechen.

„Das Muster, von dem ich spreche, kann nicht erklärt werden. Es ist viel zu kompliziert.

Die *Allheit* ist das große Muster und die *Istheit* das kleine Muster. Die *Istheit* entsteht aus der *Allheit*, demnach sind die *Allheit* und die *Istheit* EINS. Hier liegt das Geheimnis des Lebens. Das Problem liegt darin, dass die Welt versucht, das kleine Muster zu entschlüsseln, statt sich des großen, kosmischen Musters anzunehmen."

Syd pausierte und schaute im Raum herum auf unsere verblüfften Gesichter.

„Lass es mich anders sagen. Das Leben hat ein inneres Muster und ein äußeres Muster. Wer du bist und was du bist, ist das äußere Muster. Das Muster auf der anderen Seite, das innere Muster, ist spirituell oder kosmisch. Das spirituelle oder kosmische Muster ist das einzige, was WIRKLICH existiert.

Sobald du anfängst zu SEHEN, wie dieses innere Muster funktioniert, betrittst du eine andere Realität: die innere Welt. Hier wirst du das Wissen finden, das du suchst. Hier sieht man in aller Einfachheit, wie der Geist funktioniert: Innerhalb seiner eigenen Grenzen, daher nur blind sehend, also überhaupt nicht SEHEND."

Syd fuhr sich mit den Fingern durch den Bart, als ob er grübeln würde, und fuhr dann fort.

„Alles Leben stammt von einem kosmischen Gedanken, der so rein ist, dass er frei ist von Urteilen. Es ist der menschliche Geist, der urteilt, analysiert und das Muster des Verstehens ausschaltet. Wenn das passiert, wird das Entstehen von Begehrlichkeiten, Wut, Eifersucht und Hass als Form manifestiert, was wiederum unsere sozialen und seelischen Probleme erschafft.

Finde deine wahre Identität und du wirst Liebe und Verständnis jenseits deiner wildesten Vorstellungen finden. Wenn du den Ursprung der Energie jenseits aller Dinge findest, wirst du sicher auch das Geheimnis des Lebens und das Wunderwerk des Musters finden, das du suchst."

Roberts Computergehirn wurde wieder aktiv.

„Wo ist dieser Ursprung, von dem du sprichst?"

„Das Geheimnis," fuhr Syd fort, „liegt tief im Land des Wissens."

„Wie findet man dieses Land?"

„Dies, mein Freund, erfordert Mut. Zuerst musst

du dich darauf vorbereiten, den goldenen Wagen zu SEHEN, dann wird er dich vielleicht eines Tages an deinen Zielort bringen."

Syd erzählte unserem Besucher mehr über das goldene Gefährt, von dem er oft sprach. Robert hörte still zu, dann schien er ungeduldig zu werden.

„Wie weit ist dieses ‚Land des Wissens' entfernt?" fragte er, ungläubig, dass ein solcher Ort existierte.

„Nur einen Wimpernschlag," kam als Antwort zurück.

„Nun, wenn alles so einfach ist, warum sehe ich es dann nicht?"

„Weil du," sagte Syd, „mit Hilfe deines Verstandes und all seiner Überzeugungen in den Wirrungen des Lebens verloren gegangen bist."

Das war wirklich zu viel! Robert wurde sofort wütend, stand auf und begann zu sprechen. Er erzählte uns von dem Wissen, das er durch jahrelanges, konzentriertes Lernen erworben hatte. Er war sehr belesen und sprach sachkundig darüber, was er gelesen hatte. Er hatte tatsächlich viele tiefgreifende Wahrheiten, aber ich wusste, dass sie nicht seine eigenen, sondern einfach geliehene Behauptungen waren.

Er sprach über inneren Frieden und Selbsterkenntnis, hatte in sich selbst jedoch keinen Frieden. Sein Gesicht war auf verzweifelte Weise unglücklich, und während er sprach, ballte er seine Hände immer wieder zu Fäusten. Er sprach von der Sicherheit, die er durch die Entdeckung dessen, wer und was er genau war, gefunden hatte. Er sprach von spiritueller Erleuchtung, während er totale Unsicherheit erlebte. Ein paar Worte hatten all seine Überzeugungen in Frage gestellt und ließen ihn um die Aufrechterhaltung eines verängstigten Egos kämpfen.

Nach vielen langen und schmerzhaften Minuten setzte Robert sich schließlich wieder hin, zitternd und erschöpft. Er hatte tapfer versucht, sich selbst zu beweisen, dass auch er die Geheimnisse des Lebens kannte. Und er war daran gescheitert.

Syd begann wieder zu sprechen, seine Stimme war so sanft, dass ich wusste, er würde nichts als Mitgefühl für diesen Mann empfinden.

„*Wissen*," sagte er sanft, „ist NICHT das Auswendiglernen von Worten. Wahres Wissen ist ein Erfahren dessen, dass dieses Wissen ein Fakt ist, eine Erfahrung, die aus deinem Inneren kommen muss. Wenn Wissen niedergeschrieben oder vorgetragen wird, bleibt es nicht länger ein Fakt, sondern wird wieder zu einem Glaubenssatz. Deshalb liegt die Wahrheit vor dem Verstand des Menschen verborgen."

Roberts Stimme hatte sich leicht verändert, sie verlor etwas von ihrem forschen Selbstvertrauen.

„Willst du damit sagen, dass all die Worte der Weisheit, die über Jahrhunderte hinweg geschrieben oder gesprochen wurden, umsonst waren?"

„Nein, das sage ich nicht. Obwohl die geschriebenen und gesprochenen Worte sich in

Glaubenssätze zurückverwandelt haben, können sie als Hinweise dienen, und dir helfen, den Fakt zu finden, WAHRES Wissen zu finden."

Syd erhob sich von seinem Sessel, verschwand in der Küche und kam bald mit Tee zurück. Er plauderte mit seinem Besucher noch ein paar Minuten über die Insel und ich bemerkte, dass Robert sich langsam etwas entspannte. Kurz darauf brachen wir zum Gehen auf. Syd streckte an der Tür seine Hand aus und riet ihm, „Hab eine schöne Zeit, Robert. Schau dich auf der Insel um und genieße einfach das Leben."

„Danke, das würde ich gerne tun," kam als Antwort zurück.

Wir fuhren zu einem nahegelegenen Ressort, wo Robert übernachtete. Ich fragte, ob er mit Bill und mir zu Abend essen wollte, aber er lehnte höflich ab und fügte hinzu, „Es gibt viel, worüber ich nachdenken muss!"

KAPITEL 6

DER GROSSE KOSMISCHE FAKT

Am nächsten Morgen wachte ich auf, die Sonne strahlte durch das Fenster und ich wusste, dass das wieder ein herrlicher Tag werden würde. Um 10 Uhr hatte ich unseren Gast abgeholt und schon waren wir wieder auf dem Weg zu Syd und Barb. Robert sah an diesem Morgen eher noch schlimmer aus. Er meinte, er hätte nicht besonders gut geschlafen und ich malte mir aus, wie er bis in die Morgenstunden hinein wach gelegen hatte, während die Rädchen in seinem überaktiven Gehirn vor sich hin ratterten.

„Ich finde, Syd ist ein sehr interessanter Mann," sagte er.

„Es ist offensichtlich, dass er irgendeine Erleuchtungserfahrung hatte. Allerdings sagt er nichts Neues. Ich bin mit seinen Ideen ziemlich vertraut, obwohl ich sagen muss, dass seine Präsentationsweise einzigartig ist."

„Das sind keine Ideen!" antwortete ich. „Du kannst dir sicher sein, wenn Syd über etwas spricht, redet er Fakt!" und dann berichtete ich von meiner eigenen Erfahrung, und dem Moment, an dem ich den Unterschied zwischen Glaubenssatz und Fakt für mich entdeckt hatte.

Vor langer Zeit hatte ich mit Syd über ein

Problem gesprochen. Syd antwortete darauf mit ein paar kurzen Worten, aber ich hatte das Gefühl, dass ich genau dieselben Worte schon oft gehört hatte. Ich wurde ungeduldig und sagte, „Ich weiß das bereits!" aber blitzschnell kam als Antwort zurück, „Du DENKST, dass du das weißt!"

In einem erstaunlichen Moment der Klarheit hatte ich den Unterschied zwischen dem Wissen selbst und dem Denken, dass ich weiß, erkannt: den Unterschied zwischen Glauben und Fakt. Es war offensichtlich, dass es das Problem gar nicht gegeben hätte, wenn mir die Wahrheit hinter Syds Worten bewusst gewesen wäre.

Robert sagte nichts dazu. Ich wusste, er glaubte noch immer, dass die spirituellen Kenntnisse, die er gesammelt hatte, wirklich sein Eigentum waren, obgleich sie in Wahrheit zu nichts geführt hatten.

Minuten später begrüßten uns Syd und Barb an der Tür und schlugen vor, dass wir draußen bleiben und die Sonne genießen sollten. Obwohl die Sonne bereits wärmte, war das Gras noch feucht vom Tau. Wir stellten die Gartenstühle zusammen und saßen einen Moment lang still da, dann begann Robert zu sprechen.

„Ich weiß, du versuchst mir etwas zu sagen, Syd. Ich spüre hier eine Tiefe, wie ich sie noch nie zuvor erlebt habe. Ihr alle habt ein Strahlen in euch, ein intensives Lebensgefühl. Aber ich kann nicht verstehen, was das genau ist."

„Das Problem ist, Robert, dass du ständig Selbstgespräche führst und dir selbst nie die

Gelegenheit gibst, etwas Neues zu sehen! Weißt du, es gibt zwei Realitäten. Die eine ist die Realität, in der du im Augenblick lebst, und die andere liegt tief im Inneren. Beide Realitäten sind ein Fakt!

Der Unterschied wird deutlich, wenn du merkst, dass die eine Realität ein Fakt des menschlichen Geistes und die andere ein kosmischer oder spiritueller Fakt ist. Alle Dinge entspringen diesem kosmischen Fakt, und zwar über einen überbewussten Zustand. Dieser überbewusste Zustand liegt innerhalb eines jeden lebendigen Menschen auf dieser Erde. Hier wirst du Glück und das Geheimnis des Lebens finden.

Die Schwierigkeit liegt darin, dass der menschliche Geist zu verstehen versucht, wie die kosmische Welt funktioniert. Wenn du beginnst, mit Klarheit zu sehen, wirst du beide Realitäten als perfekt wahrnehmen. Du wirst erkennen, dass zwei plus zwei in der externen Realität nicht vier macht in der inneren Realität.

Wenn du das als Fakt SIEHST, wirst du im selben Moment anfangen, hinter das Geheimnis der *unentdeckten Verbindung* zu kommen. Du wirst anfangen zu sehen, was ist, und nicht, was nicht ist. Was ist, ist die Perfektion des Lebens im Fluss. Das, was nicht ist, ist der menschliche Geist, der die Unvollkommenheit des Lebens sieht, und dadurch eine unvollkommene Welt erschafft.

Denke daran, mein lieber Freund, es ist eine Welt des Denkens! Der Gedanke ist die Ursache und die Wirkung ist das, was aus dem Gedanken resultiert.

Denkst du negativ, wird die Manifestation des Gedankens ein negatives Leben erschaffen. Denkst du positiv, wird sich die Welt, die du jetzt kennst, in Schönheit verwandeln."

Robert stimmte der letzten Aussage nickend zu.

„Ich habe einmal gelesen ..." fing er an, aber seine Stimme versank im Nichts. Vielleicht hatte er begonnen zu sehen!

Syd fuhr fort, „Jeder sucht nach Wissen, um höhere Bewusstseinsebenen zu erreichen. Dies ist eine Falle des menschlichen Geistes. Denn genau das Gegenteil ist der Fall: Alles, was du tun musst, ist, dein Bewusstseinsniveau anzuheben. Dann erscheint das WISSEN, was bereits da ist. Du wirst dann mehr von dem sehen, was ist. Das, was nicht ist, wird verschwinden, und Wahrheit wird siegen!"

Mit diesen Worten sprang Syd auf und verkündete heiter, „Lasst uns zu Mittag essen!"

Zum ersten Mal sah ich auf Roberts Gesicht ein breites Lächeln. Was für ein Unterschied! Er schien entspannter zu sein als zuvor und war dabei, sich wirklich zu amüsieren. Wir halfen alle dabei, Sandwiches zuzubereiten und nahmen sie mit nach draußen. Wir aßen, lachten und machten Witze. Robert zeigte sich schlagfertig und stimmte mit Enthusiasmus in die Heiterkeit ein.

Nach dem Mittagessen sagte er zu Syd, dass er ihn etwas fragen wollte.

„Schieß los," antwortete Syd.

Robert zögerte, und schließlich fragte er, als sei es ihm peinlich, „Was ist mit Liebe?"

Ich konnte mein Lächeln nicht unterdrücken. Robert war so weltmännisch und gediegen und doch so vollkommen unschuldig, dass man nicht anders konnte, als Zuneigung für ihn zu empfinden.

Syd schien sein Unbehagen nicht zu bemerken und antwortete umgehend: „Liebe und Verständnis sind die Prinzipien, die alle Dinge auf dieser Erde erschaffen. Wenn du diese Liebe und Verständnis verlierst, bist DU verloren.

Das führt in deinem Leben zu Verwirrung, die Stress, Belastung und Langeweile hervorruft. Und das wiederum zieht ernsthaftere Probleme nach sich. Um Liebe und Verständnis zu finden, muss man IN SICH SELBST nach INNEN schauen. Dort liegen die Schätze des Lebens in Hülle und Fülle vor.

Glaubenssätze und Konzepte anderer Menschen zu erforschen, ist tatsächlich von sehr geringem Wert. Alles, was man dabei lernt, sind nur noch mehr Glaubenssätze, mit denen man bewertet und analysiert. Damit stiftet man sogar noch mehr Verwirrung in einem bereits verwirrten Geist. Schaue IN DIR SELBST nach! Dann wirst du die wahre Realität des Lebens mehr und mehr sehen. Auf diese Weise findest du deine verloren geglaubte Liebe und dein Verständnis!"

Mit der reinen Kraft der Wahrheit seiner Worte sagte Syd uns unaufhörlich, „geh nach Innen, geh in dich!"

Auf diejenigen, die dem Gesagten folgten, warteten die Schätze, von denen er sprach. Als Reaktion auf die bloße Erwähnung eines verwirrten Geistes hatte Roberts Ego jedoch wieder die Kontrolle übernommen und er veränderte sich merklich.

„Was meinst du mit ‚geh nach Innen'?" verlangte er zu wissen. „Wo sonst könnte man sein, als in einem Selbst?"

„Glaube mir," antwortete Syd, „wenn dein Bewusstseinsniveau steigt, wirst du verstehen, was mit ‚Innen' gemeint ist. So, wie jede Wahrheit, kann man auch diese nicht erklären. Alles, was du tun musst, ist zuhören."

Robert stand abrupt auf und ich konnte sehen, dass das Sprechen über Liebe und Verständnis ein sehr gefährliches Territorium für ihn war.

„Ich würde gerne zuhören," sagte er, „wirklich! Leider habe ich morgen einen Termin und muss zurück in die Stadt. Ich habe unsere Diskussionen genossen und vielleicht können wir uns irgendwann einmal wieder über unsere Ansichten austauschen."

Er bedankte sich bei Syd und Barb für ihre Gastfreundlichkeit und lief entschlossen zum Auto. Wir fuhren zum Ressort zurück, um sein Gepäck abzuholen und machten uns auf in Richtung Fähre. Robert war während der Fahrt sehr ruhig und sprach erst, als wir am Ziel angekommen waren.

„Ich bin froh, dass du gefunden hast, wonach du suchst," sagte er, „aber für mich ist Syds Lehre zu simplistisch."

Ich wusste genau, was er meinte. Genau wie er habe auch ich, wie viele andere, anfangs die Einfachheit der Wahrheit angezweifelt. Mit einem Gefühl von Wärme in meinem Herzen antwortete ich, „Robert, es ist jenseits des Vorstellbaren! Man muss den Weg gehen, um zu erfahren, wie einfach es ist und wie es das Leben vereinfacht."

Ich erinnerte mich an Worte, die Syd einige Zeit zuvor geschrieben, und die ich immer wieder gelesen hatte, „Sobald man die Macht der Wahrheit akzeptiert und sich ihr hingegeben hat, gibt es keine Notwendigkeit mehr, über das Wie und Warum im Leben nachzudenken.

Von diesem Moment an werden wir von Wahrheit geführt und beschützt. Von diesem Moment an brauchen wir nur noch mit Leichtigkeit und Schönheit durch unsere Tage zu schreiten, wissend, dass wir den Weg gefunden haben."

Wir verabschiedeten uns und Robert ging in Richtung Ticketautomat. Er sah alt und müde aus, wie er so zum nächsten Termin hetzte. Ich wusste, er musste der ganzen Suche überdrüssig geworden sein. Die Gesetze des Universums funktionieren für alle gleich gut und Robert war da keine Ausnahme.

Obwohl er einen brillanten Verstand besaß, war er einfach noch nicht dazu bereit, Wahrheit zu hören. Ich hatte das Gefühl, dass er für einen Moment einen flüchtigen Blick auf eine neue Realität erhascht hatte. Vielleicht würde er eines Tages zurückkommen, vielleicht auch nicht. „Viel Glück!" rief ich ihm nach, er drehte sich um und winkte.

Wie groß der Kontrast war, zwischen seinem und meinem Leben. Ich fühlte, dass ich nicht urteilte, vielmehr fühlte ich ein tiefes Verständnis, denn auch ich hatte einst ein in Gedanken verlorenes Leben geführt. Der Kontakt mit der Wahrheit und ihre Macht in meinem Leben war so stark zu spüren.

In solchen Momenten weiß ich immer, dass ich ,*den Weg*' entdeckt habe und ihn gehe. Ich fühle mich so voller Vertrauen wie noch nie, denn ich bin von Wahrheit umgeben und werde von ihr beschützt. Sollte ein Gedanke auftauchen, den ich nicht haben will, ist Wahrheit sofort zur Stelle und führt mir seine Wertlosigkeit vor Augen.

In jedem Moment ist sie da, um mir zu zeigen, wie ich leben muss.

Einen kurzen Augenblick in der Freude und Herrlichkeit dieser Lebensart zu verbringen, führt unweigerlich dazu, jenseits all unserer Glaubenssätze zu wissen, dass es keinen anderen Weg geben kann.

KAPITEL 7

DER SCHATTEN EINES TRAUMES

Es waren einige Tage vergangen, seit Robert in meinem Leben auftauchte. Etwas von seinem Besuch war hängengeblieben. Nicht er als Person beschäftigte meine Gedanken, es war sein Geist, der mich faszinierte.

Mit einer neuen Klarheit hatte ich die Macht des menschlichen Geistes erlebt, der uns in der Illusion gefangen hält. Ich hatte Roberts Geist dabei zugesehen, wie er mit Wahrheit rang, hierhin und dorthin schoß. Sein Geist konnte es sich nicht erlauben, auch nur einen Moment zur Ruhe zu kommen, weil Wahrheit sonst Zugang finden könnte.

Er hatte Fragen gestellt. Die gleichen Fragen, die auch ich früher gestellt hatte. Ich hatte die unglaubliche Geschicklichkeit seines Intellektes dabei beobachtet, wie er die Antworten verhüllte, um ihn in Übereinstimmung mit seinem Glaubenssystem zu bringen.

Auf diese Weise hatte ich mehr von mir selbst, von meinem eigenen Geist gesehen, und wie dieser funktioniert. Ich hatte den menschlichen Geist beim Spielen erlebt, mit seiner unglaublichen Gewandtheit und der Fähigkeit, Wahrheit zu verschleiern.

Der Ursprung des Denkens ist für die Menschheit

seit jeher ein Mysterium, und nur einen Schimmer seiner innewohnenden Bedeutung zu sehen, erfüllte mich bereits mit Begeisterung. Es kommt unweigerlich Freude auf, wenn der Geist sich etwas Neuem gegenüber öffnet und etwas sieht, das er nie zuvor gesehen hat. Ich fühlte mich, als hätte ich ein neues Spielzeug, das ich teilen wollte.

Ich rief Syd an mit dem Wunsch, etwas von dem mitzuteilen, was ich fühlte. Er spürte meine Absicht sofort und sagte, „Der Geist ist ein wundervolles Ding: Es ist das Instrument, mit dem die Menschheit das Leben empfängt und entwirft."

Wir sprachen dann noch ein paar Minuten über Geist, über die zwei verschiedenen Welten und Syd fuhr fort: „Wenn genau dieser Geist mit Ahnungslosigkeit verunreinigt ist, verstopft er immer mehr. Er empfängt und sendet dann keine Fakten, sondern nur selbst erzeugte Glaubenssätze, die den Menschen in die Irre führen."

„Und," sagte ich, nun aufgeregt darüber, dass ich es ‚verstanden' hatte, „wir alle verunreinigen unseren Geist auf verschiedene Arten, abhängig davon, welche Glaubenssätze wir haben!"

„Richtig!" rief Syd aus. „Als spirituelle Wesen spielen wir alle genau das gleiche Spiel, wie jedes andere Wesen auf dieser Erde. Was wir in diesem Leben zu sein SCHEINEN, ist unsere eigene, persönliche Tarnung. Durchdringe die Illusion dieser Tarnung und du wirst das Muster des Lebens und die Schätze, die innen liegen, entdecken!

Der Weg, diese Tarnung zu durchdringen, ist, sie

zu ignorieren. Sprich aus deinem Inneren! Lebe aus deinem Inneren heraus. Hier sind wir alle wahrlich ein Bewusstseinszustand. Hier können wir alle einander verstehen und in Harmonie leben, denn es gibt nur EINE WAHRHEIT!"

„EINE WAHRHEIT!" Nachdem wir aufgelegt hatten, kehrten die Worte immer wieder in mein Bewusstsein zurück. Ich sah sie in einem neuen Licht.

Bill kehrte von der Arbeit zurück und beim Abendessen sprachen wir über die „eine Wahrheit."

„Ich habe den ganzen Nachmittag darüber nachgedacht," sagte ich. „Es gibt so viele Tarnungen, wie es Menschen auf der Welt gibt. Jede Tarnung hat ihre eigene Problematik.

Es gibt Gruppen oder Institutionen, die auf die Probleme von Kindern, Lernschwachen oder Körperbehinderten spezialisiert sind. Es gibt Gruppen für psychisch Gestörte, für Ehe- und Sexualprobleme. Einige Gruppen beschäftigen sich mit Krisen des mittleren Lebensalters, andere versuchen, älteren Menschen dabei zu helfen, sich an den Ruhestand zu gewöhnen. Für jede Tarnung gibt es eine Gruppe, die versucht, ihre spezifischen Probleme zu lösen. Wir haben unseren Geist dazu benutzt, um unser Leben so unglaublich kompliziert erscheinen zu lassen!"

„Aber wie schön es doch ist, dass alle Probleme verschwinden, wenn Wahrheit gehört wird, die eine große Wahrheit," erwiderte Bill. „Wir alle könnten ein himmlisches Leben hier auf Erden haben, wenn unser Verstand diesen einfachen Fakt akzeptieren könnte."

Wir waren dabei, mehr über diese eine Wahrheit zu lernen. Am nächsten Morgen gingen Bill und ich nach Ganges, um uns auf dem Bauernmarkt umzusehen. Die Atmosphäre war heiter, voller Bewegung und Farben. Wir sahen viele bekannte Gesichter.

Ungefähr nach einer Stunde zogen wir uns für einen ruhigen Moment in einen kleinen nahegelegenen Park zurück. Wir entdeckten eine Bank und sahen zu, wie ab und zu ein Boot anlegte oder wie eines den Hafen verließ. Der Tag war warm und schön und hinter uns quietschten vergnügt die Kinder, die auf Rutschen und Schaukeln tobten.

Ein Pärchen kam auf uns zu, in sommerlich bunter Kleidung, ihre Gesichter braungebrannt und lächelnd.

„Oh nein!" sagte Syd, als sie sich näherten. „Gerade sagte ich zu Barb, ich hoffe, dass wir euch zwei heute nicht treffen!"

Aber sein freundliches Grinsen hatte die Ironie in seinen Worten verraten, wir lachten und machten den beiden Platz auf der Bank. Bald erinnerte ich mich an die „Eine Wahrheit" und erzählte Syd von dem Gespräch, das Bill und ich geführt hatten.

Syd lächelte und sagte, „Weißt du, wenn dein Geist daran zweifelt, dass es nur eine Wahrheit gibt, wirst du andere Glaubenssätze erschaffen und sie deine Wahrheit nennen. Dies ist wieder das Leben, in seiner vollkommenen Entfaltung, das durch den Gebrauch des freien Willens und des freien Geistes sieht, was auch immer du sehen willst.

Dann setzt du offenbar deine größte Gabe nicht ein. Deswegen hast du keine andere Wahl, als zu versuchen, das Leben gedanklich zu ergründen.

Es ist der Geist, der zwischen dem, was du siehst und dem, was WIRKLICH existiert, eine Trennung schafft. Die Trennung ist auch als Yin und Yang, Gut und Böse, Oben und Unten, Himmel und Erde bekannt."

„Wie passt oben und unten dazu?" fragte ich.

Syd grinste. „Dazu kommen wir noch!

Nun, je höher dein Bewusstsein steigt, desto weniger existiert diese Trennung. Der Grund dafür ist, dass jedes Niveau das erforderliche Wissen zum Vorschein bringt, das dir dabei hilft, die Illusion der Gegensätze zu SEHEN. Es hilft dir, die Einheit aller Dinge zu SEHEN."

Syd grinste wie ein Honigkuchenpferd. Ich hatte nach der „einen Wahrheit" gefragt und er antwortete mit Gegensätzen! Er schien von „A" nach „C" zu wechseln, ohne dabei über „B" zu gehen. Und wann immer er vom Nichts sprach, war ich verloren. Ich sagte ihm das und wieder lachte er.

„Jetzt zuhören," sagte er ganz ernst. Er machte eine Pause, als ob er sichergehen wollte, dass wir sehr aufmerksam zuhörten. „Wahres Wissen ist die unentdeckte Verbindung zwischen der ALLHEIT und der ISTHEIT! Diese ISTHEIT wird aus der ALLHEIT ALLER Dinge erschaffen!"

„Syd!" rief ich aus. „Du weißt, dass wir das unmöglich verstehen können!"

„Warum hört ihr dann nicht auf, es zu versuchen?" kam als unmittelbare Antwort.

Die Direktheit seiner Frage verblüffte mich.

„Natürlich," dachte ich. „Wie einfach!"

Doch mein Verstand flüsterte mir ins Ohr … „Wie werde ich das jemals verstehen, wenn ich nicht darüber nachdenke?"

Syds folgende Worte waren perfekt.

„Wenn du mithilfe deiner albernen, kleinen Glaubenssätze suchst, wirst du niemals SEHEN oder HÖREN! Du wirst nur die Echos deines eigenen Geistes hören."

Und wieder einmal schien er genau meine Gedanken zu lesen. Ich musste zugeben, dass ich nur Echos hörte und sie halfen mir ganz und gar nicht.

„Das SEHEN dieser Istheit," fuhr Syd fort, „und sie als Fakt zu akzeptieren, führt zum Wissen. Nun, jedes Mal, wenn du einen Fakt SIEHST, beginnst du, mit größerer Klarheit zu sehen. Das löst die negative Seite des Lebens, die du jetzt siehst, auf und hilft dir, die Istheit zu SEHEN."

Die Echos kehrten zurück. „Jetzt bin ich verwirrter als je zuvor!"

„Du bist IMMER NOCH dabei, es gedanklich ergründen zu wollen. Habe ich dir nicht bereits viele Male gesagt, dass man mittels des geistigen Denkprozesses unmöglich Wahrheit HÖREN oder SEHEN kann?

Höre einfach zu! Hör zu, ohne zu denken! Es ist schon lange her, dass ich dir vom Nicht-Denken erzählt habe.

Dieser schöne Zustand ist der Zustand der Meditation. In diesem Bewusstseinszustand SIEHT man mit kristallklarer Klarheit.

Weißt du, es ist sehr schwer zu glauben, dass das ,Was-Ist' und die ,Istheit' des menschlichen GEISTES eine Illusion sind, deshalb sieht der Mensch das, was nicht ist.

Wenn du anfängst, dies als Fakt zu erkennen, verändert sich das Leben, denn dann siehst du den Trugschluss und das Drama des Lebens. Das lässt einen realisieren, dass das Leben wahrhaft der Schatten eines Traumes ist und immer sein wird, ohne Ende und ohne Anfang. Es ist einfach!"

Wir saßen still da, inspiriert von diesen magischen Worten.

Dann sprach Syd und fragte, „Erinnert ihr euch an unser erstes Treffen? Ihr habt beide geglaubt, um Wissen zu erlangen, müsste man nur die WORTE auswendig lernen! Als ihr sie auswendig gelernt hattet, dachtet ihr, ihr wüsstet FAKTISCH, was sie bedeuteten.

Es war kein Fakt, sondern lediglich ein Glaubenssatz. Wieder einmal hattet ihr einen Wagen aus Falschgold und Zwirn, und das verursachte nur noch mehr Verwirrung. Dennoch, euer Mut, diesem unechten Wagen zu begegnen, hat dazu geführt zu sehen, was ihr jetzt SEHT!"

Er machte eine Pause und schaute mich und Bill mit diesem Zwinkern an. „Ich gebe zu, manchmal wollte ich euch beide wie einen schlechten Traum aufgeben!"

Wir lachten zusammen, in wissender Erinnerung an diese Zeiten.

„Wisst ihr, meine Freunde, es gibt kein Wissen auf der Welt. Es gibt nur den Glauben, dass Wissen existiert. Man muss über das Wort hinaus zu der Erfahrung gehen, der Erfahrung des SEHENS, wie Wissen auf das von euch Geglaubte rieselt und es in einen lebendigen Fakt verwandelt.

Weisheit ist das göttliche Instrument, mit dem man die Türen zu dem öffnet, wonach die ganze Menschheit sucht. Weisheit und wahres Wissen sind ein und dasselbe. Weisheit, genau wie Wissen, bereitet dich auf den goldenen Wagen vor, der dich nach Hause, in das Land des Wissens, bringt.

Hier befindet sich das Zentrum allen Denkens, dort, wo das Unerklärliche durch Einfachheit erklärt wird. Hier liegt die *Perle* aller *Perlen*. Hier, meine liebe, liebe Freundin, liegt das Geheimnis des Lebens!"

Angesichts Syds letzter Worte füllte sich mein Herz mit Freude. Denn vielleicht würde ja auch ich eines Tages die ‚*Perle* der *Perlen*' finden.

KAPITEL 8

DAS RÄTSEL DER DUALITÄT

Das Mysterium von Salt Spring Island ging auf seine ruhige und machtvolle Art weiter und lockte diejenigen an, die seine Geheimnisse ergründen wollten. Für viele stellte sich eine unmittelbare Akzeptanz darüber ein, dass die Mysterien des Geistes hier gelüftet würden. Einer dieser Menschen, ein Psychologe, sollte immer wieder zu unserer Insel zurückkehren:

Das erste Mal trafen wir Roger Mills bei einer abendlichen Zusammenkunft, bei der Syd über die Beziehung zwischen Psychologie und Religion gesprochen hatte. Roger war offensichtlich davon fasziniert und sprach anschließend so lange mit Syd, bis es Zeit war, zu gehen.

Am nächsten Tag waren wir zusammen mit Roger und ein paar anderen eingeladen, Syd und Barb zu besuchen. Da Syd wegen der steigenden Nachfrage nach Gesprächen zeitlich sehr eingespannt war, war es nur noch für wenige möglich, ihm persönlich zu begegnen. Wir waren zunehmend dankbar für jede Stunde, die wir in seiner Gegenwart verbringen durften. Wir trafen am nächsten Nachmittag ein und fanden Syd und Roger bereits in ein Gespräch vertieft vor.

„Syd, was du sagst, verwirrt mich. Nicht ein

einziges Wort klingt wie das, was ich letzte Nacht gehört habe."

„Roger, es ist das WORT, durch das du den Weg finden wirst. Jedoch ist es eben auch genau dieses Wort, durch das du wieder vom Weg abkommst. Demnach ist das Wort wertlos. Und deshalb musst du über das Wort HINAUS gehen, um die unentdeckte Verbindung zu finden."

„Den Missing Link?" Roger lachte ... „jetzt klingst du wie ein Anthropologe!"

„Nicht ganz," grinste Syd. „Nicht ganz!"

Roger lächelte und sein Gesicht kräuselte sich wie das eines Kindes. Ich sah eine Offenheit in ihm, ein aufrichtiges Verlangen nach mehr.

„SEHEN," setzte Syd fort, „ist das Sprungbrett, das zu der unentdeckten Verbindung führt. Diese unentdeckte Verbindung ist die einzige Antwort, nach der du suchst. Es ist die Verbindung, welche Geglaubtes in Fakt verwandelt und dich auf perfekte Weise durch das Leben führt.

Die unentdeckte Verbindung ist das Finden des NICHTS, des absoluten Umkehrpunktes zwischen oben und unten. Wenn du dieses Nichts findest, hast du die EINHEIT gefunden, die die ALLHEIT ist! Auf diese Weise erkennst du, dass die *Istheit* nur ein Schatten der *Allheit* ist."

Roger sah zutiefst durcheinander aus und schüttelte den Kopf. „Ich wusste, dass das interessant werden würde! Ehrlich, Syd, ich verstehe nicht, was du da sagst."

Wir versicherten ihm, dass auch wir es nicht verstanden, und dass das intellektuelle Verständnis von Wahrheit sowohl überflüssig als auch völlig unmöglich war. Roger schien dies zu akzeptieren und hörte aufmerksam zu, als Syd weiter sprach.

„Wahrheit kann nicht vom menschlichen Geist begriffen werden, genau wie SEHEN und HÖREN nicht erklärt werden kann. Man kann nur mit Worten dorthin deuten. Du allein musst herausfinden, was SEHEN und HÖREN wirklich ist. Sehen und Hören als geistige Prozesse haben ihre Grenzen.

Auf der anderen Seite sind SEHEN und HÖREN die wahren Prozesse des Lebens. Sie werden manifestiert, um den Trugschluss der Illusion vorzuführen, indem sie die wahre Realität des Lebens enthüllen. Sie enthüllen das Geheimnis der wahren Identität der Menschheit. Sie enthüllen, wie der Geist funktioniert, und offenbaren den Zusammenhang zwischen Geist und all unseren Problemen.

Der Status Quo des menschlichen Geistes ist der Verursacher all unserer Probleme. Versucht der Geist, dieses selbst erschaffene Chaos zu reparieren, wird es ihm nicht gelingen, denn die Menschheit ist dafür in ihrer Entwicklung noch nicht weit genug. Hierin liegt das Mysterium." Syd machte eine kurze Pause, blickte in unsere ernsthaften Gesichter und fuhr dann fort.

„Um das Unreparierbare zu reparieren, musst du den Status Quo des Geistes ändern, indem du das Bewusstseinsniveau anhebst. Das funktioniert nicht auf intellektueller Ebene, indem du Informationen sammelst, sondern, indem du Weisheit SIEHST und HÖRST. Weißt du, du gewinnst nichts dadurch, dass du mehr intellektuelle Intelligenz hast, solange sie nicht von Weisheit begleitet wird, mithilfe derer sie richtig genutzt werden kann."

Es folgte Stille. Roger sah ziemlich perplex aus. Ich wusste, dass er nachdachte, denn auch ich hatte dies angesichts dergleichen Worte so oft getan. Ich konnte seine nächste Frage schon fast voraussagen.

„Es gibt Sehen und es gibt ... SEHEN, okay! Wo liegt der Unterschied?"

Syd blickte in Richtung Fenster. Etwas da draußen fesselte seine Aufmerksamkeit und hielt sie dort so lange, bis ich dachte, er würde gar nicht antworten oder hätte sogar komplett vergessen, was SEHEN ist. Man wusste es nie!

„Siehst du diesen Baum?" Er nickte in Richtung der hoch aufragenden Zeder, deren untere Äste fast den Boden berührten.

„Jaaaa ..." antwortete Roger zögernd, als ob er sich mittlerweile keiner Sache mehr sicher wäre.

„Jeder," fuhr Syd fort, „sieht den selben Baum. Und doch sieht ein wissender Mensch zwei Bäume. Der eine ist die Illusion. Der andere ist real!"

„Willst du damit sagen, da stehen zwei Bäume?!"

Rogers Stimme klang skeptisch. „Siehst du etwa doppelt?"

Er schaute schnell aus dem Fenster, als ob er sich der Zahl der tatsächlichen Bäume da draußen versichern wollte.

„Nein," antwortete Syd mit einem geduldigen Lächeln, „es hat nichts mit Doppelsichtigkeit zu tun."

Er machte eine Pause. Ich kannte diesen Gesichtsausdruck! Syd stellte uns vor ein komplettes Rätsel, indem er uns eine Beschreibung des SEHENS lieferte, die keiner von uns SEHEN konnte!

Plötzlich wurde er sehr ernst. „Hört zu!"

Seine Stimme verwandelte sich in ein Flüstern … „Aber versucht nicht, es zu verstehen!"

Und wieder veränderte sich seine Stimme. „Der Grund, warum ein wissender Mensch zwei Bäume SIEHT, liegt darin, dass sie eins sind!

Du siehst zwei Bäume, denn sie sind eins!"

Roger war irritiert, sein Blick streifte suchend durch den Raum und blieb an jedem Gesicht hängen, nur um festzustellen, dass wir alle genauso irritiert aussahen, wie er.

Syd grinste und sah aus, als ob er jeden Augenblick in schallendes Gelächter ausbrechen würde. Er wusste, dass er uns verblüfft hatte!

„Ihr könnt es nur dann verstehen, wenn ihr ES in Aktion erlebt," fuhr er fort. „Mit ES meine ich die Essenz allen Lebens. Man braucht kein Denken, um ES zu sehen. ES ist vor der Erschaffung des Baumes. ES ist einfach! Seht das Leben als ‚Es-ist-einfach' und ihr werdet sehen, dass die Dualität im Singular der Schöpfer der illusionären Dualität ist. Demnach gibt es keine Dualität, nur ES!"

„Syd!" rief Roger aus, „Das war der verwirrendste Satz, den ich jemals gehört habe. Du sprichst in Rätseln!"

„Wenn du vielleicht nur zuhören würdest, statt zu versuchen, dahinter zu kommen, dann würdest du sehen, dass DU derjenige warst, der das Rätsel erschaffen hat, nicht ich!"

„Das Rätsel ist meine Kreation?" kam als zweifelnde Antwort zurück.

„Wahrheit ist kein Rätsel," antwortete Syd. „Sie ist ein einfacher Fakt. Nicht dein Fakt – denn deine Fakten haben keinen Wert. Sie sind nur Glaubenssätze, die sich als FAKT ausgeben.

Für dich ist es ein Rätsel, denn dein Geist sieht nur einen Baum; demzufolge betrachtest du alles aus der Dualität heraus. Wenn du das Einssein SEHEN könntest, würdest du zwei Bäume SEHEN, denn das Innen und das Außen würden gleichzeitig existieren; daher zwei Bäume. Bis du das SIEHST, lebst du in einer dualen Welt, nicht im EINSSEIN."

Rogers Gesichtsausdruck war unbezahlbar! Ich lächelte. Das war seine erste Erfahrung mit einem wissenden Menschen. Syd war ein Verwandlungskünstler.

An einem Nachmittag war er ein Psychologe, raffiniert, sprachgewandt und gelassen. Plötzlich verwandelte er sich in einen sehr weise aussehenden, bärtigen Mann, der behutsam über Wahrheit und Einssein sprach.

Dann kam eine erneute, blitzschnelle Verwandlung. Grinsend und gestikulierend wurde er zum Fallensteller, der in Rätseln sprach. Dann ein Mystiker, der mit gedämpfter Stimme vom SEHEN erzählte. Als nächstes ein Lehrer für Bewusstseinserweiterung oder spiritueller Anführer. Syd verwandelte sich abwechselnd in jedes Bild, das wir von jemandem, „der weiß", in unseren Köpfen hatten.

Die vergangene Stunde hatte mir die Sprache verschlagen und ich wusste, für Roger musste das unvergesslich gewesen sein. Er stand auf und ging zum Sofa, wo sich Syd in einem Zustand tiefer Entspannung aalte.

„Syd," sagte er, „du hast die Welt auseinander genommen, sie in ihre Einzelteile zerlegt, und dann in einer komplett unsinnigen Reihenfolge wieder zusammengesetzt! Du hast jeden Glaubenssatz in Abrede gestellt, den ich jemals vom Leben hatte, und darüber, wer oder was ich bin!"

Roger setzte sich wieder und begann, leise zu sprechen.

„Aber ich liebe es! Ich liebe das, was du sagst. Jahrelang habe ich mich für meine Patienten und Studenten schwer verantwortlich gefühlt. Ich dachte immer, dass sie bei mir eine Weisheit suchen, die ich nicht besaß. Dieses Bild aufrechtzuerhalten, war ein Kampf. Ich habe zum ersten Mal das Gefühl, dass ich einer höheren Weisheit begegnet bin. Echter Weisheit."

Mit einem bewundernden Blick voll tiefstem Respekt schaute er Syd an und sagte einfach, „Danke."

KAPITEL 9

DER URSPRÜNGLICHE GEIST

Die Zeit verging, die Tage flossen durch unser Leben, jeder Tag brachte etwas Neues mit sich. Syd sprach oft über die Unwirklichkeit von Zeit und wir kamen langsam ein klein wenig hinter die Bedeutung seiner Worte.

Wir fingen an, unsere Tage nicht in Stunden und Minuten zu messen, sondern in Gefühlen und Erfahrungen.

In einer einzigen Woche konnten ganze Lebensabschnitte vergehen, denn es passierte, dass wir in so einem Zeitraum Jahre der Vergangenheit hinter uns ließen; sie waren vergessen und unnötig. Eine Stunde konnte sich lange hinziehen und viele Bewusstseinsniveaus, viele verschiedene Realitäten, umfassen. Wir lernten, sehr sanft durch das Leben zu gehen, das Leben durch uns hindurchfließen zu lassen.

Eines Abends nach dem Abendessen spazierten Bill und ich durch die duftende Wonne unseres Gartens. Mit Freude betrachteten wir unser gesundes und vitales Gemüse, die Üppigkeit der Blumen. Wir legten eine Pause ein und schauten über die Hügel hinaus. Der Himmel war purpurfarben und orange, als die Sonne in einem spektakulären Finale ins Meer eintauchte. Zum ersten Mal fiel mir auf, dass die Tage kürzer geworden waren.

Genau in dem Moment fühlte ich, dass die Abendbrise einen Hauch von Kälte in sich trug. Einige Blätter eines nahegelegenen Baumes wurden von einer Windböe mitgerissen und landeten in der Nähe auf dem Boden. Ich wusste in dem Moment, dass der Sommer vorbei war, obwohl ein paar Strandtage und Picknicks bestimmt noch möglich sein würden.

Herbst lag in der Luft und die Erinnerung an diese Jahreszeit auf Salt Spring Island brachte ein unglaubliches Gefühl von Wohlsein und Thanksgiving zum Vorschein. Bald würden die Ahornbäume in einem flammenden Rot erstrahlen und die Äpfel rot und schwer an den Ästen hängen.

Wir standen still in der zunehmenden Dunkelheit und schauten voller Liebe auf das Haus, das wir gerade zusammen gebaut hatten. Wir waren erst kürzlich umgezogen, und das neue Haus stand nur ein paar Schritte von dem Kanal entfernt, dessen ruhiges Wasser uns schon immer angezogen hatte. Es war ein magischer Ort, an dem Ebbe und Flut unser Leben mit einer dahingleitenden Ruhe widerspiegelten.

Langsam erleuchteten die Scheinwerfer eines herannahenden Autos den Hügel und wir liefen los, um ihm entgegenzugehen, als es auf unsere Auffahrt einbog. Es war Roger, aber definitiv nicht der Roger, den wir erst vor kurzem kennengelernt hatten. Er kam auf uns zu und sein Gang war freier, seine Gesichtszüge weicher. In seinen Augen sahen wir ein

Strahlen, ein Funkeln, das vorher noch nicht da gewesen war. Wir wussten, dass auch er von Wahrheit berührt worden war.

Roger sollte am nächsten Tag abreisen, und wir hatten geplant, ein kleines Abschiedstreffen abzuhalten. Während wir auf die anderen warteten, sprachen wir mit Roger über seinen Besuch.

Durch seine Augen sahen wir wieder einmal die Einzigartigkeit unseres Lebens hier auf Salt Spring Island. Er teilte offen und ehrlich mit uns, was er seit seiner Ankunft auf der Insel gesehen, gefühlt und erlebt hatte.

Rogers erster Eindruck bestätigte sein Gefühl, dass tatsächlich etwas Besonderes auf Salt Spring Island passierte. Bei seiner Ankunft hatte er ein Pärchen getroffen, das Syd schon seit einer Weile zuhörte.

„Sie hatten diesen gewissen Blick," sagte er, „als ob sie etwas wüssten." Als er mit ihnen sprach, bemerkte Roger, dass sie ein Wissen vom Leben in sich trugen, das er nicht besaß. Ein Wissen, das über sein akademisches Wissen hinaus zu gehen schien. Er erzählte uns, dass er Glaubenssysteme erforscht und viele Jahre im fernen Osten studiert hatte.

„Ich lernte, dass die Menschen dort völlig andere Glaubenssysteme hatten, als wir im Westen. Aber trotzdem wurden sie von ihren Glaubenssätzen kontrolliert. Hier hingegen habe ich zum ersten Mal Menschen getroffen, die jenseits von Glaubenssätzen leben." Dies hatte auf Roger sofort einen starken Eindruck gemacht.

„Ich hatte sofort das Gefühl, dass eine Menge unbegründeter Unsicherheiten von mir abfielen. Ich wusste nicht, warum dies geschah, ich verstand es nicht. Aber ich wusste, mit diesen Leuten zu sprechen, hatte mein Leben verändert. Dann traf ich Syd," fuhr er fort, „und bei seinen ersten Worten erkannte ich, dass er ‚wusste'."

Syd und Barb trafen kurz darauf ein und wir machten es uns am Feuer gemütlich. Ich hatte das Gefühl, dass Roger ein wirklich außergewöhnlicher Mensch war, und sprach laut etwas aus, das Syd uns vor langer Zeit erzählt hatte.

„Viele werden kommen," hatte er gesagt, „aber nur wenige werden zuhören! Ihre Egos werden sie vom Zuhören abhalten." Wie prophetisch diese Worte waren!

„Der menschliche Geist kann die *Allheit* unmöglich begreifen," sprach Syd. „Der Geist lebt in seiner eigenen kleinen, individualisierten, illusionären Welt, die mit dem sogenannten Ego verbunden ist. Das Ego ist die Stolperfalle, die verhindert, dich sehen zu lassen, wonach du suchst. Es handelt sich dabei um die Wichtigkeit des Selbst und den Verursacher all unserer Probleme."

„Ist der Geist also wertlos?" fragte Roger.

„Im Gegenteil," antwortete Syd. „Er ist dein wertvollstes Instrument. Man könnte sagen, er ist deine Welt. Aber du musst lernen, dich um ihn zu kümmern und ihn rein zu halten. Es ist der reine Geist, der den Augen erlaubt, zu SEHEN!

Kannst du dich erinnern, dass wir über das Muster des Lebens sprachen?"

Roger nickte und Syd sprach weiter.

„Wenn der Geist über sich hinauswächst und sich in das große Muster verwandelt, erscheint Weisheit. Aus diesem inneren Muster heraus SIEHT man ganz klar, wie einfach das Denken funktioniert und wie es sich auf das Leben auswirkt. Aus dem menschlichen Geist heraus ist das unmöglich zu verstehen, und so wird es mal Religion und mal Philosophie genannt. So oder so ist es perfekte Psychologie und perfekte Psychiatrie, wenn man es HÖRT!

Weißt du, alle Wege führen dahin, ES zu finden. Jeder Weg ist ein kleiner Teil von ES. Das Paradox dabei ist, dass du genau diesen kleinen Teil aufgeben musst, um ES zu finden. Tust du es nicht, wird es keine Verbindung geben zwischen dir und ES, der Essenz aller Dinge."

Roger sah nachdenklich aus. „Wahrheit scheint alle Dinge zu umfassen," sagte er, „ich hatte immer das Gefühl, dass zwischen Psyche und Spiritualität Welten liegen."

„Vielleicht sollte ich erklären, was mit ‚spirituell' gemeint ist," fuhr Syd fort. „Alles Leben ist spirituell, denn alles Leben ist eine Illusion. Wenn die Illusion in der Form ist, nennen wir diese Form Leben und der Geist kann sie ziemlich gut begreifen. Hier in der Illusion ist jegliches Wissen des menschlichen Geistes etwas, das wir als Glaubenssatz, Konzept oder ‚intellektuelle Intelligenz' untereinander austauschen können.

Ein Fakt ist spirituell, denn er ist VOR dem menschlichen Geist. Nur für den ZUHÖRENDEN ergibt er Sinn. Unser Versuch, Probleme mithilfe intellektueller Methoden zu lösen, erscheint hier als der Trugschluss, der er ist, ein kosmischer Witz."

Roger ergriff das Wort, mit großer Zuversicht und Sicherheit in seiner Stimme, „Ich möchte das Wissen, von dem du sprichst, finden!"

„INNEN." Syd antwortete sehr leise. „Im Inneren liegt der Reichtum des Wissens, das du suchst."

„Innen," sinnierte Roger. „Syd, das klingt … naja, irgendwie egoistisch. Ich möchte denen helfen, die weniger Glück haben, als ich."

„Zuerst," sagte Syd, „musst du nach INNEN gehen! Finde deine wahre Identität. Nur dann kannst du anderen helfen. Andernfalls wäre das nur so, als würde ein Blinder einen Blinden führen."

Seine Worte waren machtvoll und hatten auch diese Wirkung auf Roger. Sie schienen ihn entspannt zu haben, als ob er tief in sich etwas aufgegeben und einen Blick ins INNERE erhascht hätte.

„Weißt du, Roger, ‚INNEN' ist nur eine Formulierung. Sie hilft dir zu erkennen, dass du irgendwo in deinem überbewussten Zustand das Geheimnis in dir trägst, nach dem die ganze Menschheit sucht."

Syd machte eine Pause und in seinen Augen erschien ein Ausdruck, als sei er in einer anderen Welt. „Man könnte sagen, INNEN ist der Teil deines Bewusstseins, der dir im gegenwärtigen Moment nicht bekannt ist. INNEN ist über das hinaus zu SEHEN, was dein Geist wie ein Computer berechnet hat.

Das Auswendiglernen von Weisheit macht aus ihr einen intellektuellen Glaubenssatz oder ein Konzept, wohingegen echte Weisheit eine direkte Erfahrung der Verbindung mit dem uns innewohnenden, ursprünglichen Geist ist. Dein Geist kennt das Geheimnis nicht, das dich erkennen lässt, was ‚INNEN' bedeutet. Dir ist seine Existenz nicht bewusst, daher kann kein Mensch es dir oder jemand anderem beibringen.

Der Mensch muss es selbst finden. Hast du es einmal gefunden, wird das Wissen, das du suchst, kommen. Hier kennt der ursprüngliche Geist seine ursprüngliche Identität." Syd wurde still, als erforschte er die Tiefen des „*Ursprünglichen Geistes*". Wir warteten, denn wir wussten, dass er uns auf seine Forschungsreise mitnehmen würde.

„Nehmen wir die elektrische Glühbirne als Beispiel," fing er an. „Du kannst dir sicher sein, der ursprüngliche Gedanke an so ein Ding war kein Gedanke des ‚kleinen Geistes', sondern eine direkte Eingebung des ursprünglichen Geistes. Es hatte nichts mit dem Intellekt zu tun! Es war Weisheit, die ans Licht gekommen ist!"

Oh, die wundersame Art von Syds Sichtweise auf die Welt! Für ihn war eine stinknormale Glühbirne „Weisheit, die ans Licht gekommen ist"! Wie schön seine Worte waren, wie verlockend, wie sehr sie uns immer weiter in Richtung Weisheit führten.

„Die Wissenschaft des inneren Geistes," fuhr er fort, „ist Religion. Es ist die Enthüllung des Überbewusstseins, das im Inneren liegt. Wenn dieses Wissen enthüllt wird, geschieht das nicht durch deinen Geist oder meinen Geist, sondern durch den URSPRÜNGLICHEN GEIST.

Der URSPRÜNGLICHE GEIST existiert vor der Erschaffung des Egos, und ist im Denken neutral. Es ist der ursprüngliche Geist der gesamten Menschheit.

Das ist der Grund, warum es nur EINE WAHRHEIT gibt, denn es gibt nur EINEN URSPRÜNGLICHEN GEIST!"

Und wieder machte sich im Raum eine sanfte Ruhe breit. Wir beobachteten den Mond, wie er sich, voll und weiß, durch den Himmel bewegte. Es schien, als zögerte er kurz, bevor er einen schimmernden Lichtpfad auf das Wasser warf, und dann weiter zog.

Den ganzen Abend lang hatte das Feuer unsere Gespräche und unser Lachen mit seinem Knistern und Rauschen begleitet. Nun begleitete nur noch die verbliebene Kohlenglut unsere Stille. Ein sanft flackerndes Licht tänzelte auf den Wänden.

Das Zimmer, das Haus, die ganze Erde schien zusammen mit uns in einen verträumten Seufzer einzustimmen, bereit für die Nacht. Das Morgen war einen langen Gedanken weit entfernt und es verblieb nur ein zeitloser Moment, ein Moment, den wir miteinander teilten. Frieden schlich sich ins Zimmer, zuerst ganz sanft, dann ganz lebendig und so glühend wie die Glut der Kohlen.

Frieden – ein Gefühl so intensiv, dass ich merkte, es nie zuvor gefühlt zu haben. Ein Gefühl so reich an Liebe, an Geliebtwerden, und daran, in den Armen des Lebens sicher gehalten zu werden. Das Gefühl kam aus dem tiefsten Inneren, von einem unbekannten Ort, der doch immer da ist. Dieses Gefühl war jetzt meins, und ich wusste, dass es das immer sein wird.

KAPITEL 10

DIE UNENTDECKTE VERBINDUNG

Anziehend, mysteriös und einem ständigen Wandel unterworfen, ist Salt Spring Island eine Insel voller Magie. Und dennoch ist sie nicht wirklich magisch; wir haben einfach nur herausgefunden, wie man den Geist richtig gebraucht. Hier haben wir in unserer Mitte jemanden getroffen, der hier war, um uns zu führen. Jemanden, der die Tiefen eines Verständnisses berührt hat, welches wir nur bewundernd wahrnehmen und wahrscheinlich niemals wirklich in Wissen verwandeln werden: den Philosophen und Lehrer Sydney Banks.

Jetzt verbringen wir lange Abende vor dem Feuer, um die Gespräche zu verarbeiten, um die gewaltigen Erfahrungen zu verinnerlichen, und um ihre Lektionen umfassender in unser tägliches Leben zu integrieren. Es ist eine Zeit großartigen Lernens. Jetzt, da wir dabei sind, Bereiche des Seins in unserem tiefsten Inneren zu berühren, scheinen Veränderungen nun weniger dramatisch und dezenter zu sein.

Wir haben gelernt, geduldig zu sein, uns jeden Moment des Tages zu nehmen, ihn auszukosten, die Vollkommenheit seiner einzigartigen Erfüllung zu genießen. Wir haben gelernt, uns nicht am Leben festzuhalten, sondern geduldig darauf zu warten, dass uns das Leben seine Schätze offenbart, jeden zu seiner eigenen Zeit und an seinem eigenen Ort. Und wir sind für unsere Geduld reichlich belohnt worden.

Wir haben auch gelernt, dankbar zu sein. Wir haben gelernt, dass jedes Verlangen nach mehr immer nur weniger bringt, denn wir sehen dann nicht, was wir schon haben, sondern das, was wir hätten haben können. Wir haben begonnen zu sehen, dass uns ein reicher Überfluss aller guten Dinge, die das Leben zu bieten hat, bereits unentgeltlich gegeben wurde und wir nur das, was bereits unser ist, akzeptieren und uns dafür bedanken müssen.

Wir haben gelernt zu fühlen, denn Syd hat uns beigebracht, dass wir die wundersamen neuen und tiefen Gefühle, die wir entdeckt haben, ausdrücken sollen, weil ansonsten unser spirituelles Wissen verkümmern würde und Worte nur leere Hüllen wären. Unser Wissen wird nur dann lebendig, wenn wir die Welt des Denkens, unser analytisches und gewohnheitsmäßiges Denken, hinter uns lassen und diese Gefühle aus tiefster Seele zum Ausdruck bringen.

Wir haben Worte, magische Worte kennengelernt. Durch Worte teilen wir unsere Hoffnungen, unsere Erfahrungen und unsere Gefühle, und mit Worten berühren wir einander und werden von Wahrheit berührt. Worte der Wahrheit sind die schönsten, denn sie führen uns ins Innere, sie bewegen unsere Herzen und berühren mit ihrer atemberaubenden Einfachheit unsere Seelen.

Mit der Ankunft des Winters konnten wir nicht

nur fühlen, dass sich das Wetter änderte und sich die warme Jahreszeit ihrem Ende näherte, wir fühlten auch das Ende von etwas Unermesslichem und Tiefem, von etwas beinahe Unbeschreiblichem. Das schönste Erlebnis meines Lebens fühlte sich an, als würde es zu Ende gehen.

Dr. Roger Mills zog kurz darauf nach Salt Spring Island und ich erinnere mich besonders stark an ein Abendessen bei Roger, bei dem er einen besonders starken Röstkaffee für uns machte, aus ganzen Kaffeebohnen, mit einer Kaffeemühle und einer französischen Kaffeepresse. Dies war eine ungewöhnliche Gaumenfreude für uns, denn wir hatten uns an unser Kräutertee-Ritual gewöhnt. Frisch aus der Stadt eingetroffen, hatte er trendige Angewohnheiten mitgebracht, und wir hießen ihn als engen Freund willkommen.

Bald hatten sich ihm George Pransky und andere Besucher, die in helfenden Berufen tätig waren, angeschlossen: Psychologen, Fachkräfte auf dem Gebiet psychischer Gesundheit und Therapeuten. Sie hatten von Sydney Banks und der unbestreitbaren Wirkung seiner Lehre auf diejenigen gehört, die Hilfe für die Probleme des Lebens suchten.

Viele Jahre lang hatte ich den Großteil meiner Zeit mit Syd und der Arbeit an unseren Büchern verbracht – korrigieren, überarbeiten und immer zuhören. Zuhören, wenn unglaubliche, neue und frische Ideen und Inspirationen immer wieder aus ihm heraus sprudelten. Ich hatte andere Inseln und Städte mit Syd bereist, als er mit steigendem Bekanntheitsgrad als Heiler und Lehrer in immer weiter entfernte Teile der Welt eingeladen wurde. Ich erzählte bei solchen Gelegenheiten meine Geschichte und sprach über das Buch *Insel der Erkenntnis*, das wir zusammen geschrieben hatten. Nun wurde Syd zu einem neuen Abenteuer gerufen. Der Rest der Welt hatte die Magie von Sydney Banks entdeckt und verlangte nach seiner Aufmerksamkeit.

Unser Buch näherte sich seinem Ende und damit auch unsere gemeinsame Zeit. Es war auch Zeit, mein neu entdecktes Wissen und meine Freiheit in die Hand zu nehmen und weiter zu gehen. Syd und ich trafen uns immer seltener, als er anfing zu reisen und größere Verpflichtungen eines weltweit gefragten Lehrers mehr Zeit beanspruchten.

Von Zeit zu Zeit fand die alte Magie eine Fortsetzung und dann spürte ich, wie unglaublich meine Reise und meine Freundschaft mit Syd waren, und wie groß mein Glück war, ein paar Tage pro Woche mit ihm verbringen zu dürfen. Wir beide an seinem oder meinem Küchentisch, während Strömungen des Bewusstseins uns noch tiefere und erstaunlichere Geheimnisse zugänglich machten.

Eines Tages rief er mich aufgeregt an und stand bald klopfend an meiner Tür, zwei Blatt Papier in der Hand. Ein neuer Durchbruch hatte sich eingestellt. Syd wollte seine Bedeutung auskosten und verdauen und ihn in sein neues Buch einfließen lassen. Auch diese Inspiration war wahrhaftig jenseits aller Glaubenssätze. Er wiederholte mehrere Male, „Es ist *Die unentdeckte Verbindung.*"

Wir ließen uns beim Tee zu unserer, wie sich

später herausstellen sollte, letzten Zusammenarbeit nieder.

„Es ist *Die unentdeckte Verbindung*," wiederholte er immer wieder.

„Alle Wege führen dahin, ES zu finden, und jeder Weg ist ein kleiner Teil von ES. Das Paradox dabei ist, du musst genau diesen kleinen Teil aufgeben, um ES zu finden, denn sonst fehlt eine Verbindung zwischen dir und ES, der Essenz aller Dinge."

Als Syd seine Notizen vorlas, bemerkte ich, dass er „ES" unterstrichen hatte. Und als er sprach, wusste ich, dass er eine weitere Erkenntnis auf einer höheren, tiefergehenden Ebene hatte und es schien, als hätte sich ihm eine völlig neue Welt eröffnet, während wir sprachen. Ich hatte Syd, der sonst immer so gelassen und ruhig war, noch nie in einem Zustand von solcher Aufregung erlebt. In meiner Verwirrtheit stellte ich ihm Fragen, aber er ließ sie außen vor, während er weiter sprach.

„Wenn du anfängst, die *unentdeckte Verbindung* zu finden, setzt eine Evolution ein, die das Mysterium des Lebens enthüllt."

Ich konnte nicht widerstehen und fragte, „Aber was hat Evolution mit unserer Psyche zu tun?"

„Die Evolution der Menschheit hat nichts mit der Zeit zu tun, auch, wenn es dir so erscheinen mag" antwortete er. „Im Gegenteil, es ist die Evolution des Bewusstseinszustandes, der INNEN liegt. Die Welt dreht sich langsamer und gibt dir die Gelegenheit, eine andere Realität zu SEHEN."

Erstaunlich, in diesem Moment wusste ich, dass ich eine andere Realität gesehen *hatte*. Die Zusammenarbeit mit Syd, unsere Abende am Feuer mit Syd und Barb und unserer kleinen Gruppe, die öffentlichen Reden und dann die Aufregung, als die große Welt Sydney Banks, den Philosophen und Mystiker, entdeckt hatte, all das war für mich und für viele andere Teil einer anderen Realität.

Ich hatte eine andere Realität gesehen, und, wie Freund, Lehrer, Philosoph und Mystiker Sydney Banks es versprochen hatte, war all das jenseits aller Glaubenssätze. Später an diesem Abend, nach einem unvergesslichen Tag, erinnerte ich mich daran, was ich einige Wochen zuvor geschrieben hatte:

Die letzten Sonnenstrahlen spiegeln sich gemächlich im stillen Wasser und wir wenden uns wieder dem Feuer zu. „Innen," sagt Syd leise im Schein des Feuers, „innen liegt der Reichtum des Wissens, das du suchst."

Es ist ein Moment, den ich niemals vergessen werde.

ENDE